내 몸을 살리는
힐링 샐러드와 소스

| 전도근·성태화 지음 |

내 몸을 살리는
힐링 샐러드와 소스

| 전도근·성태화 지음 |

해피&북스

머리말

샐러드의 어원은 라틴어의 '허바 살라테(Herba Salate)'로 소금을 뿌린 향신초의 의미를 지니고 있다. 처음엔 야채에 소금을 뿌려 먹어서 샐러드라는 이름이 붙은 것이다. 그러나 요즘의 샐러드는 드레싱 맛으로 먹는 다고해도 과언이 아니다. 샐러드에 시용되는 소스를 특별히 드레싱(Dressing)이라고 하는데, 소스가 뿌려진 모습이 마치 여성들의 드레스 입은 모습과 같다고 해서 생겨난 말이다.

샐러드는 자신의 건강을 지키려는 사람과 다이어트를 하려는 사람들에게 인기가 높다. 샐러드는 주변에서 쉽게 구할 수 있는 채소와 과일을 넣고 소스만 넣어 주면 된다고 생각하기 때문에 누구나 쉽게 도전하는 간편 요리에 속한다. 그러나 샐러드는 언뜻 보면 만들기 쉬워 보이지만 원리를 모르고 만들면 가장 맛없는 음식이 되기도 한다. 또한 채소와 과일을 넣고 시중에서 파는 인스턴트 드레싱으로 버무리면 오히려 건강과는 거리가 멀고 오히려 고열량 드레싱 때문에 살만 찌기도 한다.

고대 의학의 아버지 히포크라테스가 '음식으로 고치지 못하는 병은 약으로도 고칠 수 없다'고 말했듯이 건강과 음식은 떼려야 뗄 수 없는 관계에 있다. 특히 요즘 우리 생활에 웰빙, 슬로라이프, 힐링이 중요한 테마로 자리를 잡으면서 건강한 삶을 유지하기 위한 야채로 만든 샐러드가 관심을 받고 있다. 최근에 와서는 샐러드를 찾는 인구가 폭발적으로 증가하고 있다. 시판되는 드레싱만 해도 종류가 셀 수 없을 정도로 많다.

야채는 각종 질병예방과 건강관리에도 좋은 식자재다. 야채를 섭취하면, 영양학적으로 식이섬유가 많아 우리 몸의 노폐물을 없애주고, 건강하게 하는데 도움이 된다. 또한 뇌로 가는 혈류량이 증가하면서 뇌에 산소가 충분히 공급되게 된다. 뇌에 산소 공급이 잘되면 뇌세포 활성화에 도움이 되며, 이로 인해 집중력이 향상된다. 뿐만 아니라 뇌의 건강에 도움이 되는 긍정적 감정을 만드는 세로토닌 분비도 늘어난다. 결국 샐러드의 중심 재료인 야채는 우리에게 힐링 푸드인 것이다.

이 책은 힐링 푸드인 야채를 가지고 아무리 먹어도 살찌지 않는 저칼로리를 유지하면서 영양 밸런스를 맞추고 이국적인 맛도 낼 수 있는 말 그대로 먹을수록 건강해지는 힐링 샐러드를 만드는 방법을 제시하였다.

 누구나 만들 수 있지만 아무나 알 수 없는 샐러드 레시피 비법 100가지 레시피를 알차게 담았다. 특히 초보자도 한눈에 바로 레시피를 파악할 수 있도록 조리 전 과정을 한눈에 볼 수 있도록 과정을 사진으로 자세히 제시하였다.

 이 책에는 개성 넘치는 100개의 샐러드와 각기 다른 30개의 드레싱이 소개되어 있는데, 기호에 따라 재료를 다양하게 넣으면 수천가지의 샐러드를 만들 수 있다. 부디 이 책으로 인해 모든 사람들이 건강해지고 행복해지길 바란다.

저자 일동

CONTENTS

머 리 말 _ 4

I. 맛있는 샐러드와 소스

1. 샐러드의 어원 _ 14
2. 맛있는 샐러드 요리의 10계명 _ 15
3. 소스 (Sauce) _ 16
4. 소스의 10계명 _ 17

II. 맛있는 샐러드를 위한 재료 선택법

1. 감자 _ 20
2. 당근 _ 22
3. 무 _ 24
4. 버섯 _ 26
5. 부추 _ 27
6. 브로콜리 _ 28
7. 셀러리 _ 30
8. 쑥갓 _ 32
9. 양배추 _ 34
10. 양상추 _ 36
11. 양파 _ 38
12. 오이 _ 40
13. 토마토 _ 42
14. 파 _ 44
15. 파슬리 _ 46
16. 파프리카 _ 48
18. 풋고추 _ 49
19. 청피망 _ 50
20. 치커리 _ 52

CONTENTS

Golden lemon Thyme

Lavender

Rosemary

Lemonbalm

Ⅲ. 소스의 기본 재료

1. 마요네즈 (Mayonnaise) _ **56**
2. 머스터드 (Mustard) _ **57**
3. 우스터 소스 _ **58**
4. 토마토 케첩 (Tomato ketchup) _ **59**

Ⅳ. 향신료(HERBS) _ 62

Ⅴ. 조미료 _ 68

Ⅵ. 허브

1. 허브의 유래 _ **74**
2. 허브의 의미 _ **74**
3. 허브의 종류 _ **74**
4. 허브사용시 주의점 _ **78**
5. 요리에 따른 허브의 사용 _ **79**

CONTENTS

Ⅶ. 소스 만들기

가. 마요네즈를 기본으로 한 드레싱

1. 다우전 아일랜드 드레싱 _ 82
   (Thousand island dressing)
2. 머스터드 드레싱 _ 83
3. 오로리 소스 _ 84
4. 참치 마요네즈 _ 85
5. 탈탈 소스(Tartar sauce) _ 86
6. 카레 드레싱 _ 87
7. 크리미 어니언 드레싱 _ 88
8. 파스타 샐러드소스 _ 89
9. 오이피클 드레싱 _ 90
10. 허니 머스터드 드레싱 _ 91

나. 오일 & 식초를 기본으로 만든 드레싱

1. 간장 드레싱 _ 92
2. 겨자 요구르트 드레싱 _ 93
3. 비네갈 드레싱 _ 94
4. 살사 드레싱 _ 95
5. 시저 드레싱 _ 96
6. 엔초비 드레싱 _ 97
7. 오렌지 만다린 드레싱 _ 98
8. 오리엔탈 드레싱 _ 99
9. 오이 드레싱 _ 100
10. 요구르트 소스 _ 101
11. 요구르트 크림소스 _ 102
12. 이탈리안 드레싱 _ 103
13. 이탈리안 발사믹 드레싱 _ 104
14. 일본식 다시마소스 _ 105
15. 프렌치 드레싱 _ 106

CONTENTS

VIII. 샐러드

가. 다이어트에 좋은 샐러드

1. 봄엔 두릅샐러드 – 110
2. 솔직담백한 버섯 샐러드 _ 112
3. 여린 듯 질긴 듯 샐러드 _ 114
4. 몸이 가벼워지는 샐러드 _ 116
5. 들 채소 샐러드 _ 118
6. 바구니 샐러드 _ 120
7. 착한 샐러드 _ 122

나. 든든한 샐러드

1. 아침 한 끼로 충분한 한끼 샐러드 _ 124
2. 생각만해도 가슴뛰는 콩샐러드 _ 126
3. 달콤함을 주는 다이어트 샐러드 _ 128
4. 머리에 활력을 주는 파스타치오 샐러드 _ 130
5. 음양의 조화가 일품인 새싹 샐러드 _ 132
6. 밥보다 가벼운 국수 샐러드 _ 134
7. 휴일 아침을 위한 샐러드 _ 136

CONTENTS

다. 알뜰한 주부의 편한 샐러드

1. 은근한 매력을 주는 양상추샐러드 _ 138
2. 부족한 영양을 보충해주는 밸런스 샐러드 _ 140
3. 독특한 맛을 주는 메밀싹 샐러드 _ 142
4. 우리아이 성장에 도움이 되는 연두부 샐러드 _ 144
5. 행복한 일상을 열어주는 채소 샐러드 _ 146
6. 다이어트에 좋은 죽순 샐러드 _ 148
7. 자주 먹을수록 좋은 찻잎 샐러드 _ 150
8. S 라인 몸매를 만들어 주는 청포묵 샐러드 _ 152

라. 보약이 되는 샐러드

1. 간에 약이 되는 샐러드 _ 154
2. 감기를 이기는 샐러드 _ 156
3. 건강한 하루를 열어주는 샐러드 _ 158
4. 갈증해소 샐러드 _ 160
5. 원기왕성 샐러드 _ 162
6. 몸에 활력을 주는 마늘 샐러드 _ 164
7. 여름 보신으로 딱 맞는 닭가슴살 샐러드 _ 166
8. 상큼 발랄함을 주는 딸기 샐러드 _ 168
9. 삼복더위에 원기왕성 장어 샐러드 _ 170
10. 피부미인을 만들어 주는 채소샐러드 _ 172
11. 땅속의 기운을 받는 뿌리 채소 샐러드 _ 174

CONTENTS

마. 파티에 어울리는 샐러드

1. 바다의 깊은 맛을 주는 쭈꾸미와 갑오징어 샐러드 _ **176**
2. 기분을 좋게 만들어 주는 복숭아 샐러드 _ **178**
3. 바다 내음을 불러오는 해초 샐러드 _ **180**
4. 바다의 영양을 건져 올린 연어 샐러드 _ **182**
5. 쌉사름한 향이 생각날 때 먹는 쑥갓 샐러드 _ **184**
6. 아이 생일 파티에 딱인 계란 샐러드 _ **186**
7. 오감을 만족시켜주는 과일 샐러드 _ **188**
8. 나른한 오후에 활력을 주는 쑥 샐러드 _ **190**
9. 우아하고 깊은 맛을 주는 양배추 샐러드 _ **192**
10. 스트레스를 날려주는 감자 샐러드 _ **194**
11. 파티에 어울리는 아보카도 샐러드 _ **196**

바. 노블래스 샐러드

1. 절묘한 조화가 돋보이는 양송이 샐러드 _ **198**
2. 화려함과 상큼한 연어롤 샐러드 _ **200**
3. 싱그러움으로 유혹하는 딸기비트 샐러드 _ **202**
4. 귀한 분들을 위한 토마토에 핀 꽃다발 샐러드 _ **204**
5. 영양만점 SEA FOOD 샐러드 _ **206**

찾아보기 _ **208**

Healing salad & sauce

CAPTER 1.

1. 맛있는 샐러드와 소스

1. 샐러드의 어원
2. 맛있는 샐러드 요리의 10계명
3. 소스 (Sauce)
4. 소스의 10계명

1 샐러드의 어원

라틴어의 '허바 살라테 (Herba Salate)'로 소금을 뿌린 향신초의 의미를 지니고 있다. 당시엔 샐러드가 생채소에 소금을 뿌려 먹는 정도였다. 그러나 요즘의 샐러드는 드레싱 맛으로 먹는 다고 해도 과언이 아니다. 샐러드에 사용되는 소스를 특별히 드레싱 (Dressing) 이라고 하는데, 소스가 뿌려진 모습이 마치 여성들의 드레스 입은 모습과 같다고 해서 생겨난 말로 전해진다.

채소를 익히거나 생것을 차게해서 먹는 것으로 소스나 샐러드 드래싱을 곁들이면 맛이 좋아진다. 이러한 드레싱의 발전은 샐러드요리의 다양한 변형을 가져와 한끼 식사로도 손상이 없을 정도로 발전하였다.

드레싱류는 크게 프렌치 드레싱류와 마요네즈 소스류로 구분된다. 고기는 산성이 강한 식품임으로 알칼리성이 강한 생채소를 샐러드로 먹음으로써 중화시킬 수 있다는 영양학적인 의미를 가진다. 샐러드의 발전은 식생활의 변화로 육류의 소비가 감소되는 반면 채소의 소비가 증가하면서 최근에 와서는 샐러드를 찾는 인구가 폭발적으로 증가하고 있다. 시판되는 드레싱만도 종류가 셀 수 없을 정도로 많지만 신선한 과일과 채소를 갈아 넣거나 산뜻한 식초나 레몬 같은 신맛을 이용하여 나만의 드레싱을 즐길 수 있다. 또한 기름과 식초의 배합을 적절히 하여 소금과 후추, 다른 향료로 맛을 낼 줄 아는 감각이 필요한데, 무엇보다 중요한 것은 영양이 풍부한 엑스트라버진 올리브오일을 많이 사용하는 것이 좋다.

대부분 고기요리를 전부 먹고 난 다음 샐러드를 먹기도 하는데 고기와 샐러드는 번갈아 먹는 것이 더욱 효과적이다.

2. 맛있는 샐러드 요리의 10계명

1. 샐러드를 담는 그릇은 얼렸다 쓰는 것이 식사하는 동안 차가운 그릇에 의하여 재료를 신선하게 유지할 수 있다.

2. 채소는 물기를 충분히 제거해야 소스와 버무릴 때 소스를 싱겁게 하지 않아 제맛이 난다.

3. 상큼한 샐러드를 즐기려면 마요네즈와 케첩에서 벗어나 다양한 소스를 만들어 사용할 줄 알아야 다른 음식들과 조화롭게 만들 수 있다.

4. 육류를 제외한 모든 샐러드는 먹기 바로 전에 드레싱에 버무려야 채소가 싱싱하게 살아 있는 좋은 샐러드를 만날 수 있다.

5. 채소는 냉장고에 넣어 두었다가 먹기 직전에 써는 것이 가장 좋다. 그러나 장시간 차게 해두면 공기에 닿는 면이 커서 비타민 C가 손실된다.

6. 차게 만들려고 미리 썰어서 얼음물에 담가두면 수용성 비타민류가 물에 용해되어 손실을 받는다.

7. 가능하면 식초를 조금 사용해야 푸른 채소의 고유한 색을 얻을 수 있다.

8. 모든 채소는 신선한 것을 사용하는 것이 좋고 만약 냉장고를 열어 보았더니 시들시들한 채소밖에 없다면 물에 설탕과 식초를 섞어 10 ~ 15분간 담근 후 샐러드에 이용해도 손색이 없는 채소의 싱싱함이 되살아난다.

9. 기존의 샐러드 레시피를 그대로 적용하기 보다는 샐러드 재료에 대한 특성을 고려하여 다양한 재료의 가감을 통하여 시간과 공간에 어울리는 샐러드를 만드는 것이 좋다.

10. 샐러드의 재료인 채소는 칼보다는 되도록 손을 사용하는 것이 갈변을 막을 수 있다.

3　소스 (SAUCE)

　소스 (Sauce)는 우리 말로 양념을 의미한다. 다른 의미로는 서양 요리에, 맛을 돋우기 위하여 넣어 먹는 걸쭉한 액체를 말한다 라고 해석할 수 있다.

　소스는 음식 맛을 결정하는 가장 중요한 요소다. 그러므로 소스의 다양한 결합에 의하여 원재료에 맛과 향을 더해 먹는 재미를 보태준다고 생각한다면 소스가 재미라고 해석한 것이 이해될 듯 싶다.

　소스의 등장은 제국주의 국가들이 식민지에서 다양한 향신료들을 반입하면서 급격히 발전하기 시작했고, 지금에 와서는 많은 요리사들과 미식가들에 의해 헤아릴 수 없을 만큼 다양하게 개발되고 있다.

　이처럼 소스는 응용할 수 있는 모든 식재료를 이용하여 넓은 범위에서 조합하므로 여러 가지 요인에 의해 맛이 쉽게 달라질 수 있으며 계속적으로 새로운 소스가 만들어 진다는 것을 의미한다.

4   소스의 10계명

1. 소스의 맛과 향이 너무 강해 원재료 자체의 맛까지 압도해 버려서는 소스를 먹는 꼴이 되므로 안된다.

2. 식욕을 자극하지 않는 색의 재료에는 화려한 색의 소스를 사용하여 식욕을 돋운다.

3. 맛이 싱거운 요리에는 약간 강한 맛의 소스를 사용하여 원재료의 맛을 살린다.

4. 팍팍한 요리에는 수분이 많고 부드러운 소스를 사용하여 식감을 부여한다.

5. 처음에는 레시피대로 소스를 만들다 완전히 내 것이 된 후부터 나만의 소스를 응용해서 만들어도 좋다. 원리를 모르고 만들면 그것은 잡탕이 된다.

6. 소스는 조리도구에 따라 맛이 변하므로 되도록 자연과 가까운 것을 사용하는 것이 좋다. 예를 들면 주걱은 나무주걱을 사용 하는 게 좋다.

7. 소스에 들어 가는 재료를 무조건 집어 넣어서는 안된다. 재료들의 화학적 작용에 의하여 맛이 반감할 수 있으므로 재료들과의 관계를 고려하여 넣어야 한다.

8. 소스에 들어가는 재료들은 신선한 재료를 사용해야 소스가 맛있게 만들어 진다.

9. 소스는 미리 만들어 놓는 것보다는 상에 낼 때 바로 만드는 것이 신선감을 준다.

10. 불을 사용하는 소스는 대부분 약한불에서 은근히 끓여야 타지 않고 제맛을 낸다.

Healing salad & sauce

CAPTER 2.

II. 맛있는 샐러드를 위한 재료 선택법

1. 감자 / 2. 당근 / 3. 무 / 4. 버섯 / 5. 부추
6. 브로콜리 / 7. 셀러리 / 8. 쑥갓 / 9. 양배추
10. 양상추 / 11. 양파 / 12. 오이 / 13. 토마토
14. 파 / 15. 파슬리 / 16. 파프리카 / 18. 풋고추
19. 청피망 / 20. 치커리

1 감 자

감자의 특징

쌍떡잎식물 가지과의 여러 해살이풀로 안데스 산맥 원산지로 온대지방에서 널리 재배한다. 땅속에 있는 줄기마디로부터 기는줄기가 나와 그 끝이 비대해져 덩이줄기를 형성한다. 삶아서 주식 또는 간식으로 하고, 굽거나 기름에 튀겨 먹기도 한다. 소주의 원료와 알코올의 원료로 사용되고, 감자 녹말은 당면, 공업용 원료로 이용하는 외에 좋은 사료도 된다.

감자의 영향

쌍떡잎식물 가지과의 여러 해살이풀로 안데스산맥 원산지로 온대지방에서 널리 재배한다. 땅속에 있는 줄기마디로부터 기는줄기가 나와 그 끝이 비대해져 덩이줄기를 형성한다. 삶아서 주식 또는 간식으로 하고, 굽거나 기름에 튀겨 먹기도 한다. 소주의 원료와 알코올의 원료로 사용되고, 감자 녹말은 당면, 공업용 원료로 이용하는 외에 좋은 사료도 된다.

감자의 영향

감자의 생즙은 유아의 영양부족과 설사에 좋으며 충치를 예방하는 동시에 기관지천식, 피부병 등에 마시면 잘 낫는다. 또한 고혈압이나 심장병에도 안전하며 효과가 인정되는 경우가 많다. 중년기에 비대해지는 데 마시면 지방이나 수분이 빠져 날씬한 몸매가 된다.

감자는 혈당 (GI : Glycemic Index) 지수 (식품을 먹은 뒤 얼마나 빨리 혈당치가 올라가는지를 측정한 것) 가 높으므로 혈중 인슐린치와 혈당치를 급속히 높인다. 따라서 당뇨병 환자에게는 해로울 수도 있다.

감자 싹을 반드시 제거해야 하는 이유

감자에는 배당체의 일종인 솔라닌이라는 독성 물질이 함유되어 있어서 중독을 일으키므로 감자의 싹을 제거하고 껍질의 녹색부분은 깊이 제거해서 조리해야 한다. 그러나 가열처리하면 무독성이 된다.

좋은 감자 판별법

1. 껍질 색이 일정하며, 얇고 주름이 없는 것이 좋다.
2. 잎자루와 잎맥 간격이 짧은 것이 좋다.
3. 형태는 둥글고 통통하며 적당한 크기의 것이 좋다.
4. 표면이 곰보처럼 매끄럽지 못하면 좋지 않다.
5. 껍질이 파랗게 되거나 싹이 난 것은 솔라닌이라는 독소에 의해 식중독에 걸릴 수 있어 좋지 않다.

감자의 저장 방법

1. 감자는 저온에 약하므로 냉장고에 넣지 말고 바람이 잘 통하는 그늘에 두어야 한다. 햇볕이 쪼이면 싹이 나므로 주의한다.
2. 사과와 함께 보관하면 발효가 억제된다. 흙이 묻어있는 상태 그대로 감자를 봉지에 담고 사과도 몇 개 넣어 서늘한 곳에 보관한다.
3. 봄 감자는 10℃ 내외, 가을감자는 4℃ 내외가 좋다.

'감자'을 이용한 요리!!

Ⅷ. 샐러드 _ 마. 파티에 어울리는 샐러드
    - 스트레스를 날려주는 감자 샐러드

Ⅱ. 맛있는 샐러드를 위한 재료 선택법

2 당 근

당근의 특징

쌍떡잎식물 미나리과의 두해살이풀로 홍당무라고도 하며, 아프가니스탄이 원산지이다.

당근은 '채소 중의 왕자'라 불리울 만큼 당근에 함유되어 있는 카로틴의 양이 많으며, 단백질(3.5%), 당질(6.6%), 지방(0.5%), 무기질(2.0%)이 들어 있다.

당근의 영양

장의 벽을 보호하여 설사를 멎게 하는 효과가 있는 펙틴과 리그닌이 함유되어 있다. 당근의 붉은 색소인 카로틴은 체내에서 비타민 A로 바뀌어 비타민 A의 좋은 공급원이다. 비타민 A는 피부를 곱고 매끄럽게하며 항암작용과 발육 촉진 작용을 한다.

당근의 효능

혈중 콜레스테롤 수치를 낮추며 당근즙을 마시면 인체의 면역 시스템을 활성화 시킴으로써 암과 같은 질병을 예방할 수 있으며, 야맹증과 같은 시력장애를 방지하며, 피부점막에 탄력성을 주고, 호흡기와 소화기의 점막을 튼튼하게 유지하고, 각종세균의 침입을 막아주므로 감기예방에 효과적이며, 변비를 예방한다. 또한 심장을 튼튼하게 하며, 폐를 건강하게 한다.

좋은 당근 판별법

1. 머리 부분에 검은 테두리가 없는 것이 우량품이다.
2. 표피색은 선명한 선홍색으로 형태가 좋고 매끈한 것이 좋다.
3. 가운데 심은 없는 것이 좋다.
4. 당근을 씻을 때 반투명의 막이 벗겨지는데 이것을 벗기면 저장을 오래할 수 없다.
5. 머리 부분이 녹색을 띠는 것은 생육 중에서 노출되어 재배된 것이므로 좋지 못하다.

당근 조리법

1. 카로틴은 지용성 비타민이기 때문에 기름과 함께 조리를 하면 당근의 영양가를 높일 수 있다.
2. 생으로 먹는 것보다 가열 조리해 먹으면 2 ~ 5배의 베타카로틴을 얻게 되고 기름과 함께 조리해서 먹어야 흡수가 잘된다.
3. 카로틴은 껍질 가까운 쪽에 많이 모여있기 때문에 가능하면 껍질을 얇게 벗겨낸다.
4. 당근의 아스코르비나제는 비타민 C를 파괴하는 것으로 산에 약한 성질이 있어 생채를 만들 때 식초를 미리 섞으면 비타민 C의 파괴를 방지 할 수 있다.
5. 생채를 만들 때 오이에도 아스코르비나제가 많기 때문에 당근과 오이를 섞는 것은 좋지 않다.

당근의 저장 방법

1. 여름에는 비닐에 싸서 냉장고에 넣어 보관한다.
2. 오래 저장하려면 당근을 마른 신문지로 싸서 저장한다.
3. 냉장고에 보관할 때는 저장온도는 0℃의 저온관리, 습도 90 ~ 95%로 높게 관리한다.

3 무

무의 특징

무는 달작지근한데 그 맛은 포도당과 설탕의 맛이 주성분이다. 무의 매운맛은 유황화합물 때문인데, 트림을 하면 역한 냄새를 만든다. 무에는 전분 분해효소인 아밀라아제(디아스타아제)가 많고 산화효소, 요소를 분해해서 암모니아를 만드는 효소, 체내에서 생기는 해로운 과산화수소를 물과 산소로 분해하는 카탈라아제라는 효소 등 생리적으로 중요한 작용을 하는 요소가 매우 많다. 그 외에 지방분해효소인 에스테라제도 들어 있다. 무는 끓여서 조리하는 것보다 채를 썰어서 요리해 먹는 것이 영양면에서 월등하다. 성질이 찬 메밀이나 밀가루 음식과 함께 사용하면 좋다.

무의 영양

무는 100g당 수분 90%, 단백질 2g, 지방 0.1g, 당류 5.6g, 섬유질질 0.9g, 회분 1.6g, 칼슘62mg, 비타민B_1 0.01mg, 비타민B_2 0.03mg, 비타민C 44mg이 들어 있다.

무의 효능

옛부터 무는 기침에 특효가 있는 것으로 알려져 있다. 다른 성분에 의한 효과보다 무가 가지고 있는 우수한 수분과 많은 비타민C가 기침을 멎게 하는데 작용한 것으로 보아야 할 것이다.

무생즙은 소화를 촉진시키고 강장의 효과가 있으며 또한 해독 작용과 거담 작용도 있으므로 애연가는 종종 무생즙을 마시는 것이 좋다.

무 손질법

무의 껍질에는 속보다 비타민C가 두배정도 더 들어 있으므로 껍질을 도려내지 말고 깨끗이 씻어서 먹는 것이 좋다. 무를 씻을 때 솔로 씻으면, 힘도 들이지 않고 깨끗하게 씻을 수 있다.

좋은 무 판별법

1. 품종 고유 특성이 확실하게 나타나며 표면이 희고 고우며 매끄러워야 좋다.
2. 단단하고 잎이 신선한 것이 좋다.
3. 잔뿌리가 뒤틀려 있는 것은 좋지 않다.
4. 표면이 곰보처럼 매끄럽지 못하면 좋지 않다.

무의 저장 방법

1. 잎이 시들면 신선도가 떨어지고 바람이 쉽게 들게 됨으로 잎을 제거하여 저장하는 것이 바람드는 것을 막는 길이다.
2. 무청을 자르고 식용유를 발라 랩으로 쌓아 냉장고에 보관한다.
3. 잘라낸 잎부분은 물을 담은 컵 등에 세워두면 잘 자란다.
4. 저온관리가 필요하므로 4℃로 저장하는 것이 좋다. 습도는 90~95%이다.

4 버 섯

버섯의 특징

버섯이라는 말은 고등식물의 꽃과 과실에 해당하는 균사의 덩어리를 가리키며, 학문적으로 자실체라고 하는데, 한편으로는 자실체를 만드는 균류들을 총칭해서 버섯류라고 하고 있다.

버섯의 효능

버섯은 비만, 고혈압, 당뇨병, 동맥경화 등의 성인병을 예방하고, 암세포의 증식을 억제하는 작용이 있는 것으로 인정되었으며, 각종 미네랄과 식이섬유질을 포함한 저 칼로리 건강식품이다.

버섯 보관방법

버섯은 비만, 고혈압, 당뇨병, 동맥경화 등의 성인병을 예방하고, 암세포의 증식을 억제하는 작용이 있는 것으로 인정되었으며, 각종 미네랄과 식이섬유질을 포함한 저 칼로리 건강식품이다.

좋은 버섯판별법

1. 고유 형태를 유지하며 버섯 갓이 피어나지 않은 작은 것이 좋으며 색깔이 퇴색되지 않고 선명한 것이 좋다.
2. 색이 뽀얗고 갓이 단단한 것이 좋다.
3. 표면이 깨끗하고 흠이 없는 것으로 고른다.
4. 뿌리가 짙은 갈색으로 변했거나 말라 있는 것은 오래된 것이므로 피한다.
5. 표고버섯은 갓 뒷면이 하얗고 주름이 선명하며 살이 두툼하고 줄기가 짧은 것이 상품이다.
6. 팽이버섯의 경우는 갓이 순백색을 띠고 키가 작으면서 가지런한 것이 좋다.

5 부 추

부추의 특징

영양가가 높고 독특한 향미가 있으며 소화작용을 돕는 달래과에 속하는 다년생 초본이다.

부추의 영양

부추에는 매운 자극적인 성분인 알릴화합물(Diallyl disulfide)이 들어있어 소화를 돕고, 위를 튼튼하게 한다. 또한 파, 마늘에 비해 월등히 많은 비타민 A를 함유하며, 비타민 C도 많이 함유하고 있어 비타민의 보급원이라고 할 수 있다.

부추의 효능

강장제로서 작용을 하며 소화를 도우며 식욕촉진 작용이 있다. 균을 억제하고 발한, 해열, 감기 초기에 사용하며 설사를 멎게 한다.

좋은 부추 판별법

1. 잎은 싱싱하고, 담록색이 좋다.
2. 엽폭이 넓고, 곧게 뻗은 것이 좋다.
3. 잎 끝이 진한 녹색이고 뒤틀려 있는 것은 오래된 것이다.

좋은 부추 판별법

1. 잎은 싱싱하고, 담록색이 좋다.
2. 엽폭이 넓고, 곧게 뻗은 것이 좋다.
3. 잎 끝이 진한 녹색이고 뒤틀려 있는 것은 오래된 것이다.

6 브로콜리

브로콜리의 특징

쌍떡잎식물 겨자과의 한해살이풀로 지중해 지방 또는 소아시아 원산지이다. 날것으로 먹거나 요리해서 먹으며, 짙은 녹색으로 영양가가 높고 맛이 좋다. 먹는 부분은 수백개의 꽃봉우리 덩어리이다.

브로콜리의 영양

브로콜리는 100g당 비타민C 114mg, 카로틴 1.9mg, 칼륨 164mg, 칼슘 150mg 등이 들어 있다. 철분도 다른 채소에 비해 두배나 더 많이 들어 있다.

브로콜리의 효능

비타민 A는 피부나 점막의 저항력을 강화시켜 감기 등 세균 감염을 막는 역할을 하고 비타민 C는 기미나 주근깨 등 색소의 침착을 막아주어 피부를 아름답게 하는데 효과를 발휘한다.

브로콜리의 조리방법

1. 데치는 것만으로도 충분히 맛있게 먹을 수 있다.
2. 우리식으로 초고추장에 찍어 먹어도 좋다.
3. 샐러드 소스에 버무리면 고소한 맛이 좋다.
4. 고기 종류에 곁들이기도 한다.

좋은 브로콜리판별법

1. 꽃봉우리의 모양이 수북하고 밀도가 높은 것이 좋다.
2. 줄기가 짧고 윤기가 있으며 잎을 눌러보아 단단한 것이 좋다.

브로콜리 보관방법

1. 냉장 보관시 초록색이 선명하고 진한 것으로 골라 랩으로 싸 밀봉하여 줄기 쪽이 아래로 가게 보관한다.
2. 사용하고 남은 브로콜리는 소금물에 데쳐 물기를 제거하고 밀폐용기에 서로 달라붙지 않도록 나란히 놓아 냉동시킨다.

브로콜리 손질방법

1. 브로콜리 줄기는 억센 부분을 떼어낸다
2. 작은 송이로 나눈다
3. 소금물에 씻는다
4. 소금을 약간 넣고 끓는물에 데친다.
5. 큰송이는 밑둥에 +자로 칼집을 낸다.
6. 데친 브로콜리는 차가운 물에 담근다.

'브로콜리'을 이용한 요리!!

Ⅷ. 샐러드 _라. 보약이 되는 샐러드 – 피부미인을 만들어 주는 채소샐러드

7 셀러리

셀러리의 특징

미나리과에 속하는 이년생 초본으로 비타민 B_1, B_2가 다른 채소보다 많이 들어 있고 유기성나트륨이 다량 함유되고 있어서 체내에 축척된 무기성 칼슘을 녹여 배출시킴과 동시에 일산화탄소의 배출을 돕는다. 셀러리의 향은 아피오스, 피넨, 이소부틸렌 등의 성분이며, 특유의 향으로 서양 요리에서는 없어서는 안 될 주재료로 쓰이고 있고, 녹색잎은 샐러드에 사용되며, 씨앗은 향신료에 이용된다.

셀러리의 영양

셀러리에는 무기질과 비타민 A, B_1, B_2 가 상당히 많이 함유되어 있는데 다른 영양분은 많지 않다. 셀러리의 향은 휘발성 정유의 일종인 아피인(Apiin)이라는 배당체가 주된 것으로 종자에 주로 많다.

셀러리의 효능

셀러리는 생식용으로는 엽병이 그밖의 다른 요리에는 잎자루와 어린 잎이 쓰인다. 약으로서의 가치는 뇌신경의 강화, 혈액을 깨끗이 하여 순환계에 효능이 있다고 한다. 또한 마그네슘과 철분이 많으므로 혈구생성을 돕고 신결석, 관절염, 기관지 천식, 신경쇠약, 빈혈 등에 효과적이다. 셀러리에는 비타민 A, B_1, B_2, C, 칼륨, 칼슘, 섬유질소가 풍부해 변비의 예방과 개선, 그리고 신경의 안정은 물론 피로회복과 스테미너 증진에도 효과적이다.

좋은 셀러리 판별법

1. 길이가 20 ~ 25cm 정도로 긴 것이 좋다.
2. 포기 수는 14 ~ 15개 정도로 나눠진 것이 적당하다.
3. 잎줄기를 잘라보아 단면이 반달에 가까우면 우량품이다.
4. 색깔은 짙은 녹색이 좋다.
5. 엽색이 흰 것은 그 지역 끝물에 가까운 상품이다.
6. 바깥쪽 두 번째 마디를 잘라 봐서 바람이든 것은 하부까지 바람이 들어있어 좋지 않다. 줄기를 눌러 봐서 움푹 들어가는 것은 바람이 들어 있기 때문이며 포기가 갈라진 것은 불량품이다.

셀러리의 저장 방법

1. 시들기 쉬운 줄기는 겹쳐서 냉장고에 보관한다. 잎은 식품 보관용 비닐 봉지에 넣고 공기를 뺀 다음 냉장보관 한다.
2. 냉장고에 보관할 때는 저장온도는 0℃의 저온관리, 습도 90 ~ 95%로 관리한다.

8 쑥갓

쑥갓의 특징

향이 독특하고 맛이 산뜻해서 날로 먹어도 좋고 나물로 해서 먹어도 그 맛이 좋은 쑥갓은 국화과에 속하는 1년생 또는 2년초이다.

쑥갓의 영양

쑥갓은 열량이 100g에 26kcal밖에 나오지 않으나 소화가 잘되는 알칼리성 식품이다.

인에 비해 칼슘이 많고 비타민 A가 많아 쑥갓 120g 가량 먹으면 하루에 필요한 양을 공급하고도 남는다. 또한 비타민 C와 B가 풍부할 뿐만 아니라 엽록소가 많이 함유되어 있다.

쑥갓의 효능

쑥갓은 옛날부터 위를 따뜻하게 하고 장을 튼튼하게 하는 채소로 이용되어 왔다. 어린이가 홍역을 앓으면 흔히 변비에 잘 걸리는데 쑥갓즙을 먹으면 잘 낫는다고 한다. 어른들도 변비에 걸리면 쑥갓을 스프 또는 물에 넣고 살짝 익혀 먹으면 효과가 있다.

좋은 쑥갓 판별법

1. 잎은 면적이 넓어야 하며 길이 15cm 내외 것이 좋다.
2. 줄기가 가급적 가는 것이 좋으며 손으로 잘 부러지는 것이 좋다.
3. 잎 끝이 진한 녹색이고 뒤틀려 있는 것은 오래된 것이다.

쑥갓의 저장 방법

1. 건조에 약하므로 신문지에 싸서 냉장고에 보관하고, 소금물에 데쳐서 물기를 뺀 다음 랩에 싸서 냉동실에 보관하여도 좋다.
2. 저장온도는 5℃, 습도는 높게 관리한다.

'쑥갓'을 이용한 요리!!

Ⅷ. 샐러드 _ 마. 파티에 어울리는 샐러드 - 쌉사름한 향이 생각날 때 먹는 쑥갓 샐러드

9 양배추

양배추의 특징

쌍떡잎식물 거자과의 한해살이 또는 두해살이 풀로 지중해 연안과 소아시아가 원산지이다.

양배추는 칼슘과 비타민이 많이 들어 있어 샐러드로 많이 이용되고, 유럽에서는 양배추 스프를 전통 음식으로 즐기고 있으며 우리나라에서는 날로 먹거나 김치로 만들어 먹고 삶거나 볶아 먹기도 한다.

양배추의 영양

곡물의 단백질을 보충하는 라이신과 우리 몸에 필요한 리놀렌산을 많이 함유하고 있고, 양배추 100g당 수분 94.3%, 단백질 1.5g, 지방 0.6g, 당질 4.4g, 섬유질 0.7g, 회분 0.5g 칼슘 18mg, 인 31mg, 철분 0.7mg, 비타민C 27mg가 포함되어 있으며, 특히 비타민 C(녹색부위 80%, 백색부위 40%)가 많다. 또한 우유에 못지 않게 흡수가 잘되는 칼슘이 풍부하다.

양배추의 효능

양배추에 포함된 다량의 유황과 염소는 위장의 점막을 강화시키고 궤양을 치료한다. 특히 십이지장궤양에 효과적이며, 당근과 함께 사용하면 잇몸에 고름이 생기는 치조농루증에 좋다. 또 혈액을 맑게 하고 몸의 저항력을 높이며, 주근깨, 여드름 기타 피부병 등에도 유효하다. 양배추의 치유 효과는 생으로 먹었을 때 효과가 있다.

양배추의 삶는 법

양배추를 삶으면 회분, 단백질, 당질, 비타민 등의 영양소 손실이 일어나며, 냄새는 식초를 가하면 없어진다.

좋은 양배추 판별법

1. 품종에 따라 다소간에 차이가 있으나 둥근 모양이 좋으며, 겉잎이 녹색이 좋다.
2. 꼭지가 싱싱하며 깨끗한 것이 좋다.
3. 보기에 비해 무거우면 속이 꽉 찬 양배추이므로 좋으며, 절단해 보아 속이 헐렁하지 않고 치밀하게 안이 차있는 것이 좋다.
4. 쪼개어 보아 꽃대가 올라오면 결정적으로 품질이 좋지 않다.

양배추의 저장 방법

1. 양배추를 싱싱하게 오래 보관하기 위해 뿌리 부분을 도려 물에 적신 솜을 넣어두면 썩지도 않고 싱싱함이 유지된다.
2. 냉장보관을 할 때는 비닐랩에 싸서 넣어두고, 밖에 보관 할 때는 신문지에 싸서 비닐 주머니에 넣어둔다.
3. 겉잎을 2, 3장 떼어놓고 필요한 만큼 속잎을 뜯어 쓴 뒤 다시 겉잎으로 싸서 보관한다.
4. 쓰고 남은 양배추는 아래부분을 칼로 도려내고 그 속에 물 적신 종이타월을 넣고 랩등으로 싸서 냉장실에 보관하면 최소한 1주일 정도는 보관이 가능하다.
5. 냉장고에 보관할 때는 저장온도는 온도는 4 ~ 5℃, 습도는 높게 관리한다.

10 양상추

양상추의 특징

쌍떡잎식물 국화과의 한·두해살이풀로 결구상추 또는 통상추라고도 한다. 유럽 남부와 서아시아가 원산지이며, 유럽과 미국에서 오래 전부터 샐러드용으로 재배하였다.

양상추의 쓴맛은 락투세린(Lactucerin)과 락투신(Lactucin)이라는 알칼로이드 때문인데, 이것은 최면·진통 효과가 있어 양상추를 많이 먹으면 졸음이 온다.

양상추의 영양

양상추에는 뼈의 형성에 관여하는 카로틴과 콜라겐의 합성을 도와주는 비타민 C가 풍부하게 함유되어 있다. 특히 골격과 치아 형성에 중요한 기능을 하는 칼슘이 풍부하므로 여성호르몬이 부족하여 칼슘이 유출되는 갱년기 여성이나 비타민 D의 활동이 약해져서 칼슘의 흡수가 늦어지는 노인들에게 좋은 식품이 된다.

양상추의 효능

양상추에 함유된 마그네슘은 근육조직, 신경조직의 신진대사를 활발하게 한다. 또한 양상추에는 무기질이 풍부한데 무기질은 싱싱한 식물에서 섭취하지 않으면 뇌, 신경장애의 원인이 된다. 양상추에 철분이 많이 함유되어 있어 혈액을 늘리는 작용도 있다.

좋은 양상추 판별법

1. 구형에 가까울수록 좋고, 세로로 긴 것이나 옆으로 긴 것은 좋지 않다.
2. 꼭지 크기는 10원짜리 동전 크기 정도가 적당하고 너무 큰 것은 끝물에 가까운 상품이다.
3. 짙은 녹색일수록 고급품이고 잎의 색이 흰 것은 끝물에 가까운 상품이다.

양상추 손질법

양상추는 흐르는 물에 깨끗이 씻어 찬물에 담가 둔다.

양상추의 저장 방법

1. 시들기 쉬운 줄기는 통째로 랩에 싸서 냉장고에 보관한다.
2. 잎은 식품 보관용 비닐 봉지에 넣고 공기를 뺀 다음 냉장보관 한다.
3. 냉장고에 보관할 때는 저장온도는 0℃의 저온관리, 습도 90%로 관리한다.

11 양파

양파의 특징

외떡잎식물의 두해살이풀로 품종은 비늘줄기기 둥근 모양과 납작하게 둥근 모양, 비늘줄기의 껍질이 붉은빛인 것과 노란 것, 그리고 흰 것 등으로 나뉜다. 또한 맛에 따라 단양파와 매운 양파로 나뉜다.

수확은 주로 6 ~ 7월에 하며, 비늘줄기가 크기 전에 뽑아서 잎을 식용하는 것도 있다. 양파는 주로 비늘줄기를 식용으로 하는데, 비늘줄기에서 나는 독특한 냄새는 이황화프로필·황화알릴 등의 화합물 때문이다. 이것은 생리적으로 소화액 분비를 촉진하고 흥분·발한·이뇨 등의 효과가 있다.

양파의 요리법

가장 효과적인 방법은 신선할 때 생으로 먹는 것, 손질은 양끝의 꼭지를 칼로 자른 뒤 손으로 껍질을 벗긴다. 가능하면 샐러드 등에 섞어 생으로 먹는 것이 영양소 파괴를 막는 비결이다. 양파의 독특 한 향기 성분과 알리신은 다른 음식에 있는 비타민 B_1의 흡수를 좋게 한다.

양파의 영양

비늘줄기에는 각종 비타민과 함께 칼슘·인산 등의 무기질이 들어 있어 혈액 중의 유해 물질을 제거하는 작용이 있다. 비늘줄기는 샐러드나 수프, 그리고 고기 요리에 많이 사용되며 각종 요리에 향신료 등으로 이용된다. 잎은 100g 중에 비타민 A 5,000IU, 비타민C 45mg, 칼슘 80mg, 마그네슘 24mg, 칼륨 220mg이 들어 있다.

양파의 비타민 C는 성숙함에 따라 감소하고 저장 광정에서도 자연적으로 줄어드는 경향이 있다. 물에 씻거나 불에 조리하여도 곧 파괴되어 버린다. 잘린 부위가 공기에 접촉하는 것만으로도 조금씩 산화되기 시작한다.

좋은 양파 판별법

1. 양파는 갈색의 껍질이 잘 말라 있고 광택이 있는 것이 좋다.
2. 이른 봄에서 초여름 무렵의 조생 백색종은 선명한 백색이 최고이며. 녹색을 띠는 것은 딱딱하다.
3. 눌러 봐서 무른 것은 상처나 부패한 것이다.
4. 특히 머리 부분의 어깨 끝이 연한 것은 좋지 않다.
5. 싹이 난 것은 수분이나 영양분을 싹에 빼앗겨 맛이 떨어진다.
6. 뿌리가 자란 것은 품질이 떨어지는 것이다.
7. 톡 쏘는 냄새가 나는 것은 괜찮으나 역한 냄새가 나는 것은 부패가 시작된 것이다.
8. 양파는 약간의 타원형을 가진 것이 좋다. 찌그러져 보이거나 균형이 없는 것은 선택하지 않는다.

양파의 저장 방법

1. 한꺼번에 한 자루씩 양파를 사두면 두고 먹는 동안 싹이 나거나 썩기 쉽다. 그러므로 작은 자루를 선택해야 한다.
2. 장기간 보관할 때는 낡은 스타킹이나 그물망에 담아 통풍이 잘 되는 곳에 매달아 보관한다. 스타킹을 이용할 경우 양파 하나를 넣고 묶고 다시 하나를 넣어 묶는 식으로 담아두면 양파끼리 닿지 않아 오랫동안 보관할 수 있다.
3. 바람이 잘 통하고 빛이 없는 곳에 보관하여야 싹이 잘 나지 않는다.
4. 냉장고에 보관할 때는 저장온도는 0℃가 좋으며 습도는 60 ~ 70%가 좋다.

양파의 매운맛 제거법

1. 양파 껍질을 손질할 려면 눈이 맵다. 이럴 때는 양파를 물에 담갔다 껍질을 벗기면 된다.
    * 양파의 최루물질이 물에 녹기 때문에 눈이 맵지 않다.
2. 양파를 자르기 전에는 냉장고에 두어 차갑게 해 두면 매운 맛을 느끼지 않고 썰 수 있다. 시간이 급할 때는 냉동실에 가볍게 얼려도 괜찮다.
3. 매운 양파를 썰 때 자른 파를 입에 물면 맵지 않게 양파를 썰 수 있다.
4. 양파를 잘게 다지고 나서도 매운맛이 있으면 면보에 싸서 물속에 담가 손으로 주물러 준 다음 물기를 빼주면 된다.
5. 양파나 파, 마늘을 만지고 나면 손에 밴 냄새가 오랫동안 가시지 않는다. 이런 냄새는 물에 식초를 조금 타서 씻으면 말끔히 없어진다.

12 오 이

오이의 특징

오이는 쌍떡잎식물로 박과의 한해살이 덩굴식물로 중요한 식용 작물의 하나이며 즙액은 뜨거운 물에 데었을 때 바르는 등 열을 식혀주는 기능도 한다. 최근에는 온실이나 비닐하우스 등을 이용해 일년 내내 재배가 이루어지고 있으므로 연중 출하가 되고 있으나 최성기는 여름이다.

오이의 영양

오이에는 95% 이상의 수분이 있으며 오이 특유의 향기가 있다. 단백질(1.0%), 당질(1.6%), 각종 비타민(0.013%), 무기질(0.7%)이 약간씩 들어 있으며 특히 비타민 C(아스크로빅산)가 다량 함유되어 있으며 상쾌한 맛과 색으로 식욕을 돋우는 데 좋다.

오이의 종류

청풍 오이 : 진한 녹색의 오이로 색이 짙고 윤기가 도는 오이로 한여름이 맛있으며 샐러드나 뚜렷한 색이 필요한 요리에 어울린다.

조선 오이 : 색이 연한 오이로 다대기나 김치, 오이소박이, 오이지에 어울린다.

신선한 오이 판별법

1. 오이는 신선도를 알아볼 때 색깔로 구별하는 것이 좋다. 신선한 것은 진한 녹색을 띠고 딱딱한 느낌이 들고 오래된 것은 색이 없다.
2. 오이의 돌기는 신선도와는 별 관계가 없으며 다만 품종의 차이일 뿐이다.
3. 꼭지 부분이 크고 가늘며 모양이 흰 것은 영양이 부족한 것이므로 피하는 게 좋다.
4. 오이 굵기가 머리에서 끝 부분까지 일정하게 고른 것이 좋으며 똑바로 곧은 오이가 좋다. 굽은 정도가 심하지 않으면 상품으로 손색이 없다.
5. 오이는 상처를 받지 않은 것이 좋으며 꽃이 붙어 있는 것이 좋다. 만져보아 단단한 것이 신선한 것이다.
6. 표면에 윤기가 없고 손으로 만져보았을 때 탄력이 없으면 신선도가 떨어진 오이이며 많이 구부러진 오이는 좋지 않다.

오이손질법

오이는 오톨도톨한 가시 부분이 있는데 이는 농약이 많이 묻어 있으므로 제거하는 것이 좋다.

1. 소금으로 씻는 법

오이를 손질할 때는 도마 위에 오이를 얹고 소금을 듬뿍 뿌린 후 10회 정도 가볍게 굴리고 다시 한 번 흐르는 물에 씻으면 된다.

2. 수세미를 사용하는 법

먼저 수돗물을 틀어 놓고 약 5분정도 문질러 씻는다.

3. 칼로 자른다.

칼 손질이 숙달된 분들은 칼을 이용하여 빠르게 돌기들을 잘라 낼 수 있다.

오이의 저장 방법

저장온도는 7.2 ~ 10℃ 정도이며, 습도는 90 ~ 95% 정도이다. 저장 온도가 너무 낮으면 오이가 변색하거나 움푹 패이게 된다.

13 토마토

토마토의 특징

쌍떡잎식물 가지과의 한해살이풀로 남아메리카 서부 고원지대가 원산지이다. 토마토는 피로를 지켜주는 가장 대표적인 식품이라고 할 수 있다. 과당과 포도당 뿐만 아니라 비타민C와 B_1, B_2를 다량 함유하고 있다.

토마토의 분류

일반 토마토 (beefsteak tomato) : 무게가 150g 이상인 토마토

송이토마토 : 포도송이처럼 송이채로 수확하는 무게 100g 내외의 토마토

방울토마토 : 한 알 무게가 20g 전후인 미니토마토, 체리토마토 등

토마토의 영양

구연산이 0.5%내외로 함유되어 있으며, 푸린을 함유하고 있고, 무기질로는 칼륨이 많기 때문에 설탕보다 소금을 찍어 먹는 것이 좋다.

토마토의 효능

토마토는 고기나 생선 등 기름기 있는 음식을 먹을 때 토마토를 곁들이면 위 속에서의 소화를 도우며 산성 식품을 중화시키는 역할도 하므로 일거양득의 효과가 있다. 그러므로 육식이나 산성 식품을 많이 섭취하는 사람은 반드시 토마토즙을 마셔야 한다.

토마토 껍질 벗기는 법

토마토 껍질을 벗기려면 먼저 십자로 칼집을 낸 후 팔팔 끓는 물에 담갔다가 건진다.

좋은 토마토 판별법

1. 둥근 원형이 좋고 품종 고유특성(색깔, 무게, 크기 등)이 나타나야 한다.
2. 외관상 광택이 나는 것이 좋다.
3. 만져보아 단단하고 무거운 것이 좋다.
4. 토마토가 각이 져 있으면 토마토 내부의 젤라틴층(씨앗을 보호하고 있는 젤리층)이 충만하지 못하고 비어있는 경우이므로 좋지 않다.
5. 모양이 기형적인 것은 좋지 않다.
6. 꼭지 절단부분이 싱싱한 것이 좋다.
7. 색이 짙고 단맛이 풍부하고, 즙이 많은 것이 좋다.

토마토 가공품

1. 토마토 퓨레 : 토마토를 마쇄하여 씨와 껍질을 제거하고 조린 것
2. 토마토케 : 토마토퓨레에 소금, 설탕, 식초, 향신료 등의 조미료를 넣어 농축한 것
3. 토마토 페이스트 : 토마토 퓨레를 더욱 농축하여 전 고형분이 24%이상 되도록 만든 것
4. 토마토 소스 : 토마토에 향신료를 넣어 만든 것

토마토의 저장 방법

1. 냉장고 채소실에 뭉개지지 않도록 평평하게 놓는다.
2. 덜 익은 토마토는 밖에서 익혀 붉게 변한 다음 냉장고에 넣는다.
3. 지나치게 온도가 낮으면 질이 떨어지므로 미숙과(착색이50% 이하인 것)은 상온에서 저장하고, 착색이 50% 넘은 것은 7~10℃ 로 저장한다.

14 파

파의 특징

외떡잎식물 백합과의 여러해살이풀로 원산지는 중국 서부로 추정된다. 파에는 특이한 향취가 있어서 생식하거나 요리에 널리 쓴다.

파의 영양

파에는 영양소가 많지는 않은 편이나 비타민 함량이 많고 특이한 정취가 있다. 이 자극적인 냄새는 유화알릴인데 비타민 B_1 의 혈중 농도를 높이는 작용을 하므로 비타민 B_1 이 들어있는 돼지고기와 같은 음식과 함께 섭취하면 체내 활동을 원활하게 한다.

파의 효능

민간에서는 뿌리와 비늘줄기를 거담제·구충제·이뇨제 등으로 쓴다.

좋은 파 판별법

1. 꺾인 부분 없이 곧바르게 힘이 있으며 하얀 분이 확실히 보여야 좋다.
2. 뿌리는 전체가 희고 곧으며 단단하고 탄력이 있고 윤기 있는 것이 좋다.
3. 백색부분과 녹색부분이 확실히 구분되는 것이 좋다.
4. 잎 윗부분에 황갈색의 녹쓴 반점은 병든 것으로 좋지 못하다.

파의 저장 방법

1. 푸른 부분은 신문지에 싸서 냉장고에 보관한다.
2. 흰 부분은 식품용 비닐 팩에 넣어 냉장고에 보관한다.
3. 관리온도는 5 ℃전후가 좋다.
4. 집에서는 화분에 흙을 담아 심어 놓으면 오랫동안 먹을 수 있다.

당근의 저장 방법

1. 여름에는 비닐에 싸서 냉장고에 넣어 보관한다.
2. 오래 저장하려면 당근을 마른 신문지로 싸서 저장한다.
3. 냉장고에 보관할 때는 저장온도는 0℃의 저온관리, 습도 90 ~ 95%로 높게 관리한다.

15 파슬리

파슬리의 특징

쌍떡잎식물 미나리과의 두해살이풀로 유럽 남동부와 아프리카 북부 원산이다. 음식에 가루를 뿌려서 먹으면 입안이 개운해지고 입냄새도 없어진다. 스프나 오믈렛, 드레싱에 뿌려 색과 향을 내기도 하고 고기요리, 튀김요리 등에 넣어 이용하기도 한다.

파슬리의 영양

칼슘의 함량이 많은 알칼리성 식품으로 비타민 C가 많이 들어있다. 특히 체내에서 비타민 A로 변하는 카로틴 성분이 풍부하여 당근과 함께 건강채소로 알려져 있으며, 비타민 B_1, B_2는 다른 채소에 비해 10배 이상이나 된다. 이외에 조혈작용을 하는 철분이 많은 것도 특징이다.

파슬리의 효능

부신, 갑상선 등의 정상기능을 도와주고, 비뇨생식기, 신결석, 방광결석, 단백뇨, 신장염에 좋은 효능을 보여준다. 또한 눈과 시신경에 대한 갖가지 병-시력약화, 각막궤양, 백내장, 결막염, 동경반자지둔 등의 각종 안질에 좋다.

파슬리의 가루내는 법

1. 파슬리의 가루를 낼 때는 먼저 줄기를 떼어내고 잎의 물기를 완전히 제거 후 다진다.
2. 면보에 싼 다음 물에 흔들어 씻어 푸른 물을 뺀다.
3. 펴서 말린다.

좋은 파슬리 판별법

1. 잎이 진한 녹색이 좋다.
2. 잎자루와 잎맥 간격이 짧은 것이 좋다.
3. 잎은 어린 잎, 중엽이 좋다.
4. 잎 끝이 말랐거나 낡은 것은 질기고 쓴맛이 있다.
5. 노란 색을 띠는 것은 오래 된 것이다.

16 파프리카

파프리카의 특징

헝가리에서 많이 재배되고 있으므로 힝가리고추란 이름도 있다. 또 피멘타·피멘토라고도 한다. 파프리카는 가지과(Solanaceae) 고추종(An-nuum)의 한해살이 식물로, 고추종의 6가지 아종 중의 하나로 꽈리고추와 함께 대표적인 단고추의 종류인데, 잡맛이 없고 달며, 색깔은 빨강, 노랑, 주황(오렌지색), 자주, 연두색 등이 있어 샐러드나 요리의 색을 낼 때 등 사용범위가 넓어지고 있다.
맵지 않은 것으로 알려졌으나 구미에는 아주 매운 것과 은근히 매운 것도 있다. 맵지 않은 파프리카는 과육으로 만든다. 열매 전체를 가루로 만들 경우 더욱 매운 것을 얻을 수 있다. 매운 성분은 캡사이신이고 빨간 것은 카로틴이며 비타민의 공급원으로 유용하다.

파프리카의 영양

파프리카는 비타민 A가 많으며 비타민 C가 감귤의 10배에 이르며 맛은 고추의 매운맛을 제거하고 단맛을 첨가한 형태로 "단고추"라고도 불리우며, 풍부한 영양과 신선한 맛으로 일본으로 수출하고 있다

파프리카의 영양

파프리카는 중후하면서도 미세하고 깊은 맛을 지니고 있는데 샐러드나 오이피클을 만들어 먹을 수도 있고 색을 내는데도 쓰이며 생선, 스튜, 카나페 등 요리에도 많이 사용된다.

18 풋고추

풋고추의 특징

풋고추의 매운 맛은 적으면서 비타민 C의 보고이며, 카로틴은 다량 함유하고 있어 녹색채소로서의 가치가 크다. 특히 기름을 이용하여 조리하면 카로틴이 잘 흡수된다. 심하게 매운 것을 섭취 시 피부에 반점이 생기기도 하며, 위를 상하게 할 수도 있으므로 평소 위궤양이나 십이지장궤양이 있는 사람은 적게 먹는 것이 좋다.

풋고추의 영양

고추에는 비타민 A, C가 비교적 많이 들어있다. 고추잎에는 단백질 함유량이 4.1%로 비교적 많은 편이고, 비타민 A효력도 높아 질 좋은 채소이다.

풋고추의 효능

1. 몸 속을 따뜻하게 하는 효과와 피부를 자극하는 효과가 있어 몸이 차고 소화기관이 약한 사람에게 좋다.
2. 고추의 매운맛은 침샘과 위선을 자극하여 위산 분비를 촉진시켜 소화를 돕는다.
3. 캡사이신 성분은 체내 지방을 태워 비만을 방지한다.
4. 생선이나 고추의 비린내를 없애준다.

좋은 풋고추 판별법

1. 꼭지 부분이 마르지 않고 신선한 것이 좋다. 모양새가 고르며 색깔도 녹색으로 균일한 것이 좋다.
2. 모양이 균일한 것이 좋다.
3. 만져보아 단단하면 보통 매운 고추이며 유연한 것은 일반적으로 맵지 않다.
4. 작은 고추는 매운맛이 강하다.

풋고추의 저장 방법

1. 냉장고 채소실에 뭉개지지 않도록 평평하게 놓는다.
2. 덜 익은 풋고추는 밖에서 익혀 붉게 변한 다음 냉장고에 넣는다.
3. 저장온도는 7.2~10℃로 저장하고 90~95% 습도로 다습하게 저장한다.

19 청피망

청피망의 특징

쌍떡잎식물 가지과의 한해살이풀로 남이메리기 원산이다. 고추의 변종으로 옛날부터 중요한 채소로 재배되고 품종도 많다. 청피망이라는 이름은 프링스어 'PIMENT'에서 유래하는데, 이것은 전체적인 호칭이다. 청피망은 익어갈수록 고추의 붉은 색소와 같은 캅산틴이 증가한다. 그러나 고추의 매운맛 성분인 캡사이신은 들어있지 않다.

청피망의 영양

당도가 일반 토마토 보다 높은 7~8°Brix 로 더운 여름을 이기는데 수박과 함께 더 할 나위 없이 좋은 식품이다.

청피망에는 단백질(0.9%), 당질(4.2%), 지방(0.1%), 무기질(0.5%), 비타민 A와 C가 풍부한데 특히 비타민 C는 레몬에 버금갈 정도로 많아 세포의 작용을 활성화하고 신진 대사를 높여 준다. 더위에 쉽게 지치고 몸이 약한 경우 계속 먹으면 원기를 얻을 수 있다. 청피망은 고추와 비슷한 성질을 가지고 있어서 몸이 찬 사람이 속을 데워주고 추위를 없애주며, 위가 차서 아프고 설사를 자주하는 사람에게 좋다.

청피망의 손질법

1. 표면을 씻어준다.
2. 반으로 가른다.
3. 꼭지 부분의 씨를 제거한다.
4. 채를 썰려면 속심을 없애준다.

좋은 청피망 판별법

1. 꼭지가 싱싱하고 표피가 두껍고 광택이 나며 짙은 녹색인 것이 좋다.
2. 표면이 단단하여야 신선한 것이다.
3. 착색계통 단고추는 품종 고유 특성대로 착색이 잘되었어야 하며 색깔이 선명한 것이 좋다.
4. 하우스 재배 상품은 전반적으로 껍질이 얇으며 육질이 부드럽다.
5. 과실이 단단하지 못하면 숙기를 놓쳐서 수확한 것이거나 저장이 오래된 것이다.
6. 꼭지 부분이 상한 것은 수확 후 장시간 경과한 것으로 주의해야 한다.

청피망의 저장 방법

1. 청피망을 신문지에 싸거나 비닐주머니에 넣고 어둡고 차가운 곳에 보관하면 청피망을 오래 보관할 수 있다.
2. 물기를 없애고 여러 개를 한꺼번에 보관하지 않아야 한다. 살이 달게 되면 금방 상한다.
3. 냉장고에 보관할 때는 저장온도는 7.2~10℃, 습도는 90~95%로 다습하게 관리한다.

20 치커리

치커리의 특징

곱슬곱슬한 상치의 일종으로써 시신경에 필요한 영양분을 다량 함유하고 있다. 주로 샐러드에 이용하며 약간 익혀서 먹어도 맛이 좋다. 맑은 청색의 꽃은 규칙적으로 피고 다섯 시간 후에 지는 데서 꽃시계로도 가끔썼다.

치커리의 영양

치커리에는 단백질, 탄수화물, 비타민 C가 많고 담즙 분비를 증가시켜 담석증과 간장질환의 치료제로 쓰인다. 상치의 일종으로써 시신경에 필요한 영양분을 다량 함유하고 있다

치커리의 효능

1. 꽃송이 – 식초에 절여 오이피클 요리에
2. 뿌리 – 잘게 썰어 말린 후 달여 마시면 강장, 소화 작용에 뛰어나다.
3. 잎 – 주로 샐러드에 쓰이며 쌉쌀한 맛이 나고 습포제로도 쓰여 염증을 잘 낫게 해준다.

'치커리'를 이용한 요리!!

Ⅷ. 샐러드 _ 바. 노블래스 샐러드 - 절묘한 조화가 돋보이는 양송이 샐러드

Ⅷ. 샐러드 _ 바. 노블래스 샐러드 - 화려함과 상큼한 연어롤 샐러드

Healing salad & sauce

CAPTER 3.

Ⅲ. 소스의 기본 재료

1. 마요네즈 (Mayonnaise)
2. 머스터드 (Mustard)
3. 우스터 소스
4. 토마토 케첩 (Tomato ketchup)

1 마요네즈 (MAYONNAISE)

마요네즈의 특징

마요네즈라는 말은 마요르카섬의 마욘에서 유래된 것으로 마욘풍·소스라는 뜻이다. 18세기에 프랑스에서 처음으로 만들어졌다. 미요네즈는 샐러드에 사용하는 드레싱의 한 종류로 샐러드유와 식초, 소금을 계란 노른자의 레시틴(lecitin) 성분을 유화제로 사용하여 유화시켜 만든 반고체상태의 소스이다.

마요네즈의 용도

마요네즈 소스는 그대로 채소·고기·생선 등의 요리에 쳐서 사용되는 이외에 그것을 토대로 여러 가지 소스를 만들어 사용하기도 한다. 우리나라에도 식생활이 서구화됨에 따라 소비량이 급격히 증가하고 있으며, 만들어 먹기 보다는 완제품이 사용하고 있다.

마요네즈의 제작법

① 물기 없는 프라스틱 그릇에 달걀 노른자, 소금, 후추, 설탕, 양겨자를 넣는다.
② 거품기로 저으면서 분리되지 않도록 식용유를 한방울씩 넣어 가면서 계속 젓는다.
③ 되직해지면 식초를 조금씩 넣어 농도를 조절하며, 식용유를 넣어 가며 반복한다.
• 마요네즈 만들 때 식용유와 식초는 조금씩 넣어야 분리되지 않으며 한방향으로 저어야 한다.
  * 이때 반대 방향으로 저으면 계란과 식용유가 분리가 됨으로 주의한다.
• 마요네즈를 만들 때 처음에는 식용유를 한 방울씩 넣으면서 만들다가 차차 양을 늘려야 실패하지 않는다.

2 머스터드 (MUSTARD)

머스터드의 특징

겨자씨로 만들며 톡 쏘는 매운맛이 난다. 겨자는 잎과 자루는 날것으로 먹거나 데쳐 먹고 밝은 밤색을 띄는 씨는 말려서 가루를 내어 향신료로 사용한다. 머스터드는 온화한 기후와 열대기후 어디서든 자생하는 생명력 덕분에 세계적으로 광범위하게 퍼져있다. 주로 사용되는 것은 머스터드씨인데 후추처럼 갈아서 양념으로 사용한다. 이때 겨자, 통후추 부순 것, 간장, 마늘, 올리브유, 적포도주, 소금, 후추를 넣고 잘 섞어 독특한 맛을 만들어낸다.

머스터드의 종류

독일풍 조제 머스터드 : 흑겨자로 만들어 향이 짙은 것
영국풍 조제 머스터드 : 백겨자로 만들어 매운맛을 내는 것
디존(Dijon) 머스터드 : 허브와 백포도주를 섞어 톡 쏘는 맛이 나면서 끝맛이 부드러운 것으로 고급 드레싱용 프렌치 머스터드이다.
그 외에 오스트리안식, 자마이칸식 등이 있다.

머스터드의 용도

차가운 고기나 소시지, 샐러드, 샌드위치, 오이피클 등에 사용하고 육류와 곁들여 먹기도 하고 냉면, 겨자채, 생선회 등의 음식에도 쓰인다.

머스터드 사용법

가루로 된 겨자는 질퍽하게 개어질 정도로 물을 붓고, 충분히 저어서 부옇게 되면 뚜껑을 씌워 따뜻한 곳에 놓아둔다. 20 ~ 30분 지나면 겨자 속에 들어 있는 시니그린(sinigrin)이라는 특수한 성분이, 다른 세포 중의 미로시나아제(myrosinase)에 의하여 분해되어 매운 자극성이 풍기게 된다. 겨자를 요리에 사용할 때는 식초, 설탕을 약간 섞어서 쓰는데, 필요에 따라서는 닭 국물이나 잣즙과 같은 맛있는 국물을 섞으면 특이한 맛을 느낄 수 있다. 서양의 겨자는 기름을 짜낸 부산물로 만들기 때문에 매운 맛이 덜하고 질이 쉽게 변하지 않아, 최근에는 한국에서도 서양식 겨자를 사용하며, 사용하기 편한 튜브식 연겨자도 많이 쓰인다.

3 우스터 소스

우스터 소스의 특징

1850년경부터 영국의 우스터시(市)에서 제조 판매되었기 때문에 워스터란 지명에서 따온 것인데, 우스터 소스의 정확한 이름은 '워스터서(worcestershire) 소스라고 한다. 맛의 원조는 인도다. 많은 양을 사용하기 보다는 다른 소스와 우스터소스를 약간 섞어 간장처럼, 때론 향신료처럼 쓰는데 짠맛이 약한 서양 간장이라고 생각하고 요리에 이용하면 무난하다.

우스터 소스의 용도

고기나 생선요리에 넣으면 누린내, 비린내를 없애주는 효과도 있으며 어묵, 감자, 연근을 조리거나 멸치 볶을 때 장조림을 할 때도 간장 대신 조금 섞으면 독특한 풍미를 느낄 수 있다.

우스터 소스의 제조법

1. 외국 제품 : 엔초비를 주원료로 해서 여기에 흑설탕과 칠리, 마늘 등 여러 가지 향신료를 첨가해서 일정 기간 숙성시킨 것

2. 국내 제품 : 간장, 식초, 설탕, 토마토 페이스트, 채소즙과 고추, 정향, 계피 등의 향신료를 첨가해 만든 것

※ 엔초비(anchovy) : 지중해에서 주로 잡히는 멸치류의 생선으로 소금에 절여서 머리와 뼈를 제거하고 돌돌 말아 올리브 기름에 담가둔다.

4 토마토 케첩 (TOMATO KETCHUP)

토마토 케첩의 특징

 토마토 가공품 중 생산량이 많고, 가장 많이 쓰인다. 케첩이란 채소나 과일을 체로 걸러 향신료나 조미료를 가해 만든 것의 총칭인데, 토마토를 이용하여 만든 것을 토마토 케첩이라고 한다.

토마토 케첩의 제조법

1. 원료인 토마토를 으깨어 즙을 걸러낸 것에 설탕과 소금을 넣어 녹인다.
2. 각종 향신료와 식초, 양파, 마늘 등을 넣어 저으면서 끓인다.
3. 뜨거울 때(90℃ 이상) 용기에 담고 밀봉한 후 약 5분 지나서 빨리 냉각시킨다.
4. 향신료를 헝겊 주머니에 넣어 원재료와 함께 끓여 우려내기도 하고, 식초에 담가 함유된 성분을 추출해서 쓰기도 한다. 보통 사과 또는 파인애플 등의 양조과일식초를 배합해서 쓰는데, 그렇게 하면 더욱 풍미가 좋다.

Healing salad & sauce

CAPTER 4.

Ⅳ. 향신료(HERBS)

올스파이스 / 아니스 / 캐러웨이 열매
월계수잎 / 바질 / 정향 / 진저 / 양고추 냉이
민트 / 겨자 / 육두구 / 오레가노 / 파프리카
파슬리 / 후추 / 로즈마리 / 샤프론 / 타바스코
타라곤 / 타임

IV 향신료 (HERBS)

1. 올스파이스 (allspice)
정향, 넛맥, 계피가루 합친 맛과 같으며 모양은 흑후추와 비슷하나 매운 맛은 없다. 오이피클, 육류·생선요리, 그레이비, 푸딩, 케이크, 쿠키, 칵테일 등에 열매 또는 가루로 만들어 사용한다.

2. 아니스 (anise)
지중해 연안에서 나는 아니스 열매의 씨로 감초맛이 나며 쿠키, 캔디, 오이피클, 케이크 만들 때 사용하며 술의 향료로도 쓰인다.

3. 캐러웨이 열매 (caraway)
파슬리와 비슷하며 열매를 말려서 사용된다. 특히, 독일요리에 많이 사용한다. 케이크, 빵류, 국수류, 스튜, 스프에 이용한다.

4. 월계수잎 (bay leaf)
월계수잎을 건조시킨 것으로 어육요리, 스프, 스튜에 빼놓을 수 없는 중요한 향료이다. 이태리풍 요리에 많이 이용된다.

5. 바 질 (basil)
이란과 인도가 원산지이며 이태리, 프랑스에서 많이 사용하고 토마토 요리의 중요한 조미료이다. 스튜, 스프, 달걀요리, 각종 소스에 이용된다. 프랑스 향료의 대표격이다.

6. 정 향 (clove)
못과 같이 생겼으며 모든 양념중에서 가장 얼얼한 맛을 내며 향이 강하다. 돼지고기 요리 와 과자류, 푸딩, 스프, 스튜에 이용한다.

7. 진저 (ginger)

생강을 말하며 향신료로서 각종요리에 많이 사용되며 생선의 비린내나 돼지고기의 냄새를 제거한다. 식욕증진과 몸을 따뜻하게 하는 작용, 연육 작용도 약간 있다. 생강은 껍질에 주름이 없고 싱싱한 것이 좋다.

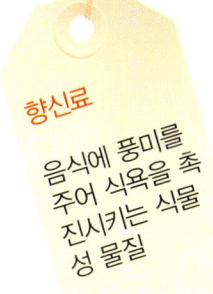

향신료
음식에 풍미를 주어 식욕을 촉진시키는 식물성 물질

8. 양고추 냉이 (horseradish)

흰우엉과 같은 것으로 뿌리를 갈아서 로스트 비프용 소스, 화이트소스 등에 이용되며 색은 흰색이다. 서양 와사비라고도 하고 매운맛을 가지고 있다.

9. 민트 (mint)

박하를 말하며 사탕이나 과자에 쓰인다.

10. 겨자 (mustard)

둥근 겨자 씨로 매운맛을 내며 마요네즈, 샐러드, 오이오이피클, 돼지고기 요리에 많이 쓴다.

11. 육두구 (nutmeg)

상록 나무의 열매로 달고 자극성 있는 향기가 특징이며, 단맛이 나는 후식이나 도넛에 이용한다.

12. 오레가노 (oregano)

박하과 식물로 잎사귀 그대로 또는 가루로 사용한다. 피자, 토마토 요리, 멕시코·이태리 요리, 스튜, 채소·달걀 요리에 이용된다.

13. 파프리카(paprika)

청피망의 일종으로 말려서 가루로 만들어 쓴다. 맵지 않으며 단맛과 산뜻한 맛을 지니며 붉은색의 음식 장식에도 이용된다.

향신료 (HERBS)

14. 파슬리 (parsley)
미나리과 식물로 향기가 좋아 가루로 만들어 사용하며, 모양이 예뻐 장식용으로 사용되기도 한다.

15. 후추 (pepper)
모든 양념중에서 가장 일반적이다. 통후추와 가루후추로 나뉘며 가루후추는 검정, 흰색이 있다. 흰후추는 후추맛이 약하며 흰색이나 깨끗한 요리의 모양 유지에 이용된다.

16. 로즈마리 (rosemary)
박하과에 속하며, 솔잎모양으로 감미롭고 향기로운 맛을 낸다. 양, 닭, 돼지고기, 쇠고기, 스프나 스튜에 사용한다.

17. 샤프론 (saffron)
창포, 붓꽃과의 일종으로 암술을 말려서 사용하며 강한 노란색을 띤다. 독특한 향과 쓴맛, 단맛을 낸다. 소스, 스프, 쌀요리, 감자요리, 빵, 페이스트리에 이용되며 가격이 비싸다.

18. 타바스코(tabasco)
아주 매운 고춧가루로 강한 매운 맛이 필요할 때 사용한다.

19. 타라곤(tarragon)
식초과, 머스터드 제품의 방향제로 이용하고 토마토 음식, 오이피클, 소스, 샐러드에 이용한다.

20. 타임(thyme)
자스민과의 향초로 생선요리나 가금류의 조미료로 이용한다.

Healing salad & sauce

CAPTER 5.

V. 조미료

간장 / 소금 / 참기름 / 들기름 / 후추 / 식초
설탕 / 꿀 / 물엿 / 파 / 마늘 / 올리브유

조미료

1. 간장
간장은 음식의 간을 맞추는 조미료로서 장맛이 좋아야 좋은 음식을 만들 수 있다. 오래 된 간장은 조림, 육포 등에 사용하고 그 해에 담근 맑은 장국은 국 끓일 때 사용한다.

2. 소금
소금은 짠맛을 내는 기초 조미료이다. 소금은 불순물 제거 정도에 따라 호염, 재제염, 정제염으로 구별된다. 소금을 음식에 넣을 때는 음식에 따라서 시기를 잘 선택해야 한다.

3. 참기름
참깨를 볶아 짠 참기름은 독특한 향기가 있어 우리 음식에 없어서는 안되는 주요 기름으로 나물을 무치거나 고기 기본양념에 주로 사용된다.

4. 들기름
들깨에서 얻은 들기름은 나물 볶을 때에 많이 사용한다.

5. 후추
검은 후추는 통으로 사용되는 경우가 있으나 보통 갈아서 가루로 만든 것이 육류요리나 생선요리에 사용된다.

6. 식초
양조초와 합성초가 있다. 식초의 신맛은 초산이며 합성초는 화학적으로 합성한 것이므로 양조초나 과실초는 특수한 미량성분이 포함되어 있지 않으므로 풍미가 없다. 식초는 식욕을 돋구어 줄 뿐아니라 살균, 방부의 효과도 있다.

유럽산 와인식초는 육류를 재거나 샐러드의 맛을 내는데 사용하는 것으로 백화점의 수입식품매장에서 구입할 수 있다. 독일산은 레드와인식초와 화이트와인식초, 허브향와인식초, 마늘향와인식초 등이 있다. 육류의 냄새를 없애는 레드와인식초가 인기다. 프랑스산 와인식초는 향이 너무 강해 외국에서 살다 귀국한 사람들이 주로 찾고 있다.

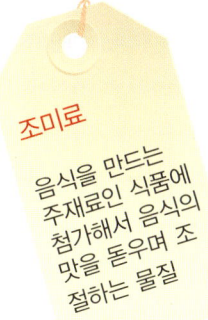

조미료

음식을 만드는 주재료인 식품에 첨가해서 음식의 맛을 돋우며 조절하는 물질

7. 설탕

설탕은 서당이 주성분인 천연감미료로서 여러 종류의 가공방법이 있다. 흑설탕, 황설탕, 백설탕 등이 있다. 설탕은 감미 외에도 탈수성과 보존성이 있어 이러한 물리적 성질을 요리에 이용하기도 한다.

8. 꿀

천연감미료로서 오래된 조미료이며 당분은 포도당과 과당이 주를 이룬다. 당분 이외에는 비타민과 무기질이 함유되어 있어 소화도 좋은 편이다.

9. 물엿

녹말을 당화효소 또는 산으로 분해해서 만든 감미료이다. 감미가 설탕에 비해 부드럽고 흡수성이 있다. 설탕과 같이 사용하기도 한다.

10. 파

파는 흰부분과 푸른부분의 구분이 뚜렷한 것이 좋다. 조미료는 곱게 채 썰어 사용하고 향신료는 머리부분만 굵게 사용하고 고명으로는 곱게 다져서 사용한다.

 조미료

11. 마늘
살균, 구충, 강장 작용이 있으며 소화를 돕고 혈액순환을 촉진한다. 육류요리에 꼭 필요한 양념이다.

12. 올리브유 (olive oil)
올리브나무(감람나무)의 열매에 함유된 30 ~ 70 %의 기름을 압착해서 만든 최고급 식용유로 생산 지역은 주로 지중해 연안과 미국으로 우리나라에서는 생산되지 않아 전부를 수입에 의존하고 있다. 담황색이며 냄새가 없고 담백한 맛이 난다. 식용유로는 샐러드유나 기름절임용에 주로 쓰이고, 요리에는 마요네즈, 샐러드용 드레싱, 튀김용, 볶음용으로 널리 이용된다.

Healing salad & sauce

CAPTER 6.

Ⅵ. 허브

1. 허브의 유래
2. 허브의 의미
3. 허브의 종류
4. 허브사용시 주의점
5. 요리에 따른 허브의 사용

1 허브의 유래

허브는 라틴어의 푸른 풀을 의미하는 '허바(Herba)'에서 유래하였으며 처음에는 향과 향초라는 의미로 쓰였다. 기원전 4세기경의 그리스 학자인 테오프라스토스 (Theophrastos) 에 의해 처음 허브라는 말을 사용하였다. 허브는 원래 사람에게 이로운 식물의 통칭 이지만, 주로 "향기나는 식물" 을 일컫는다.

2 허브의 의미

허브는 주로 따뜻한 지방에서 자라며 줄기, 잎, 꽃봉오리 등 부드러운 부분을 식용하며 여러가지 생활에 도움이 되는 향기가 있는 식물 모두를 말한다. 한편으로는 Health (건강), Eating (식용), Refresh (신선한), Beautiful (아름다운)의 약자의 뜻도 있다.

3 허브의 종류

사람들은 오래 전부터 식물의 잎, 열매, 줄기, 뿌리, 꽃등을 약용이나, 식용 또는 향을 즐기기 위해 이용해 왔다. 우리나라에서도 과거에 사용하던 단오날 머리 감던 창포를 비롯해 봄철이면 즐겨먹던 달래, 냉이, 씀바귀, 돈나물 등과 양념으로 빼놓을 수 없는 마늘, 파, 고추, 부추 등의 향신채, 민간요법에 두루 쓰였던 쑥, 익모초, 결명자 등도 모두 허브다. 이렇게 오래 전부터 우리 조상들도 생활 속에서 허브를 즐겨왔으며, 우리들이 일상에서 별다른 의미를 부여하지 않고 사용하는 식물 중에도 허브로 분류될 수 있는 것들이 많이 있다.

이렇듯 인간의 생활 속에는 허브와 밀접한 관계가 있으며, 단지 몇 년전부터 유럽, 지중해, 서남아시아 연안으로부터 허브의 새로운 종들이 들어오며, 유행처럼 번지고 있다. 허브 용도로는 약용, 관상, 향료, 염료, 요리, 차 등에 다양하게 사용되어지고 있으며, 전세계에는 약 2,500여종 이상이 있다.

▶ 1. 딜 (Dill)

남유럽이 원산이며 생잎은 어린 잎 색깔의 달콤한 향의 차가 된다. 계란, 생선요리, 샐러드에 많이 사용한다. 특히 감자와의 상응성이 좋다. 꽃과 씨앗 모두 오이피클용 향재료로 이용한다. 장시간 가열하면 향미가 소실되므로 향을 살리기 위해 요리의 끝무렵에 사용한다.

효능은 '달래다', '진정시키다'라는 의미의 어원을 가지고 있으며, 진정, 최면의 효과가 있으며 소화촉진과 장을 다스리는 작용을 한다.

▶ 2. 라벤더 (Lavender)

지중해 연안 지방이 원산이며 잉글리쉬 라벤다가 가장 대표적이며 좋은 향기의 오일성분을 가지고 있다. 생잎은 그대로 이용하고 자른 잎줄기는 그늘에서 말려 보존 한다. 고기요리, 샐러드 요리, 소스, 티, 허발 바스, 염색 등에 이용한다.

효능으로는 정신안정 및 불안해소, 신체의 기능향상, 화상, 벌레물린데, 스트레스 해소에 도움이 된다.

▶ 3. 레몬밤 (Lemonbalm)

남유럽에서부터 소아시아까지가 원산으로 메릿사라는 별명도 있다. 식물 전체에서 상쾌하고 달콤한 레몬 향기가 나므로 허브 차로도 좋다. 일반적으로 생잎을 더 많이 사용함으로 키우면서 수시로 따서 이용할 수가 있다. 고기, 생선, 조개 요리, 샐러드, 소스, 티 와인의 향기 내기, 비네가, 포푸리, 목욕제 등에 이용된다.

효능에는 진통, 히스테리 진정, 불안 해소, 강장, 감기, 두통, 소화 불량, 기억력 증진에 도움이 된다.

▶ 4. 로즈마리 (Rosemary)

허브로 많이 이용되는 것은 150 cm 이상 자라는 입성 타입이며 초여름에서부터 연한 보라색의 꽃이 피고, 잎에서는 상쾌한 향기가 난다. 잎은 언제라도 이용 가능하며, 꽃은 요리나 사라다의 향내기나 고기, 생선, 조개, 채소 요리, 파스타, 수프, 목욕제, 허브티, 화장수에 이용된다.

효능은 뇌신경 자극, 치매 방지, 인플루엔자, 천식, 지방 소화 촉진, 육모, 류마티스, 근육통, 스트레스 해소에 도움이 된다.

▶ 5. 마조람 (Marjoram)

　지중해 연안부에서 아라비아까지가 원산이며 고기에 알맞는 요리이며, 닭, 돼지, 생선, 조개, 채소등 모든 요리에 쓰이며, 소시지, 소스, 스튜 등의 맛을 내는데 이용한다.
　효능에는 살균, 진정작용이 있어, 불안과 스트레스 완화, 허리아픔과 생리통, 월경불순, 소화기능 장애와 위경련, 소화불량, 변비에 도움이 된다.

▶ 6. 민트 (Mint)

　유럽, 북미, 한국 원산의 민트도 있다. 옛날부터 약초로 재배를 하여 왔고 200종 이상이 있다. 산뜻한 향을 가지고 있고, 여름에는 이삭모양의 흰색이나 핑크색 꽃이 핀다. 생잎은 키우면서 수시로 따서 이용한다. 고기, 채소, 생선, 조개요리, 사라다, 파스타, 수프 등에 이용한다.
　효능은 살균, 발한 작용, 소화 불량, 감기, 진정, 진통, 방충 효과가 있다.

▶ 7. 바질 (Basil)

　열대 아시아가 원산지인 스위트 바질이 대표적이며 이용 범위가 넓다. 특히 토마토와 마늘과 잘 어울려서 이탈리아 요리에서는 없어서는 안된다. 고기, 생선, 조개, 계란요리, 샐러드, 스프, 비네가, 오일, 허브 티 등에 사용한다.
　바질의 효능은 졸림방지, 신경 강장, 위, 신장의 활동 촉진, 벌레 물린데의 살균 작용을 한다.

▶ 8. 보리지 (Borage)

　서아시아 원산의 80cm ~ 100cm 로 자라는 큰 허브로 별 모양의 꽃은 처음에 핑크빛이지만 점차적으로 청색으로 변한다. 어린잎이 향긋한 향기가 나고, 사라다 등 생식용으로 적합하고 살짝 데친 볶은 요리가 인기 있다. 요리나 과자의 장식용으로 이용되며 조개, 샐러드 요리, 스프 등에 좋다.
　보리지의 효능은 스트레스, 고혈압, 습진, 관절염, 숙취 해소에 도움이 된다.

▶ 9. 세이지 (Sage)

지중해 북쪽 해안이 원산지이고 생잎은 수시로 따서 이용하고 건조시킨 잎을 고기, 생선 요리, 소시지, 티, 포푸리, 허발 바스 등에 이용한다.

효능은 류마티스, 관절통, 근육통, 갱년기 장애, 소화 촉진, 강장, 살균, 노화 방지에 도움이 된다.

▶ 10. 오레가노 (Oregano)

번식력이 강하고 더위나 추위에 강하며 병충해도 적다. 잎은 언제라도 이용가능 하고, 고기, 어패, 채소 요리, 파스타, 수프(피자페스트), 이탈이아리 등에 이용되며 토마토와 잘 어울린다.

효능은 기침, 근육 경련, 신경성 두통, 생리통 등의 진정, 부은데, 류마티스, 어깨 결림, 소화기능에 도움이 된다.

▶ 11. 챠이브(Chives)

큰산과 비슷하게 생기는 허브로 아시아부터 유럽까지 다양하게 자생하고 초여름에 핑크의 작은 꽃이 공 모양으로 밀집하여 핀다. 파의 일종으로 잎과 어린줄기를 물에 담는 요리, 식초맛 내기, 된장 맛내기 등에 쓰면 톡 쏘는 향긋한 향이 식욕을 돋군다. 주로 고기, 생선, 조개, 채소요리, 수프, 소스, 드라이 플라워 등에 이용한다.

효능은 식욕증진, 신장, 혈압강하, 빈혈예방, 정혈작용, 소화 촉진, 변비 해소에 도움이 된다.

▶ 12. 타임(Thyme)

수백 종의 품종이 있으며 잎에 강한 향기가 있다. 기름기 있는 식품의 소화를 도와주고, 고기 요리나 과일의 맛을 첨가할 때 사용한다. 주로 생선 요리, 수프, 채소 요리, 허브, 비네가 등에 쓰이는 만능 허브이며 목욕제로도 이용한다.

효능은 살균, 방부, 방충효과, 기관지염, 식욕증진, 위장기능, 강장, 두통, 우울증에 도움이 된다.

4 허브 사용시 주의점

1. 허브는 생선, 육류, 채소 등의 요리에 다양하게 이용할 수 있지만 너무 많이 사용하면 향이 강해 부작용이 생기기 쉬우므로 상대방의 의향을 물어 보고 음식에 넣는다.

2. 생 허브 1큰술이 건조한 허브 1작은술에 해당하기 때문에 환산에 주의한다.

3. 고온이나 오랜시간의 조리를 요하는 요리에는 향기가 오래가는 오레가노, 세이지, 셀러리, 타임, 파슬리, 히솝, 펜넬, 로즈메리 등이 좋다.

4. 조리가 끝날 때 첨가하거나 열을 가하지 않는 요리에는 고유의 맛과 향을 살릴 수 있는 타라곤, 차빌, 차이브, 딜, 민트 등이 좋다.

5. 허브는 잘게 썰어서 피자, 샐러드, 수프, 소스 등에 섞으면 세련된 조미료가 된다.

6. 싱싱한 허브의 잎이나 꽃은 요리의 장식으로도 쓰이는데 식탁의 장식을 시각적으로 풍요롭게 하는데 도움이 된다.

5 요리에 따른 허브의 사용

1. **쇠고기 요리** - 세이지, 타임, 파슬리, 민트, 로즈마리, 차이브 등

2. **돼지고기 요리** - 오레가노, 세이지, 타임, 바질, 로즈마리, 차이브 등

3. **닭고기 요리** - 타임, 타라곤, 파슬리, 로즈마리 등

4. **생선 요리** - 스위트 마조람, 셀러리, 타임, 타라곤, 파슬리, 레몬타임, 차이브, 딜 등

5. **달걀 요리** - 타라곤, 차빌, 차이브, 딜, 바질, 파슬리 등

6. **채소 요리** - 세이보리, 셀러리, 타임, 차이브, 바질, 파슬리, 민트, 로즈마리 등

7. **샐러드** - 바질, 민트, 보리지 등

8. **쿠키** - 라벤더, 사프란, 카모마일, 로즈마리, 민트, 타임 등

9. **오이피클** - 월계수, 딜 등

10. **요리 장식용** - 차이브, 딜, 파슬리, 타임, 로즈마리 등

파슬리

Healing salad & sauce

CAPTER 7.

Ⅶ. 소스 만들기

가. 마요네즈를 기본으로 한 드레싱
나. 오일 & 식초를 기본으로 만든 드레싱

1. 다우전 아일랜드 드레싱
(THOUSAND ISLAND DRESSING)

가. 마요네즈를 기본으로 한 드레싱

다진 채소가 천개의 섬처럼 보인다는 의미에서 다우전 아일랜드 드레싱이라 불리운다.

다양한 채소를 첨가하면 맛이 더욱 좋아진다. 다우전 아일랜드 드레싱은 채소요리에 어울리는 드레싱이다.

재 료

양파 2큰술, 청피망 1큰술, 오이피클 1큰술, 삶은 달걀 1개, 마요네즈 반컵, 칠리소스 1/2작은술, 셀러리 1/2큰술, 케첩 3큰술, 식초 or 레몬즙 1큰술, 소금, 후추 약간

만드는 방법

1. 양파, 청피망, 오이피클, 달걀, 셀러리는 0.2×0.2cm로 곱게 다지고, 양파는 소금물에 담가서 매운맛을 제거 한다.
2. 그릇에 다진 ① 의 재료들을 넣고 마요네즈와 케첩을 3 : 1의 비율로 골고루 섞어서 연한 핑크빛이 나도록 한다.
3. 식초나 레몬즙을 넣어 농도를 조절하고 소금, 후추로 간을 한다.
4. 접시에 담아낸다.

2. 머스터드 드레싱

노란 빛깔의 머스터드 소스는 시중에서 쉽게 구입할 수 있다. 여기에 화이트와인 식초(그냥 식초를 써도 좋다)와 엑스트라버진 올리브오일을 첨가해 팍팍하지 않고 부드러운 맛을 더했다. 담백한 새우살과 오징어에 곁들이면 훌륭한 반찬으로도 손색이 없다. 해물샐러드와 어울리는 드레싱

재료

베이컨 2장, 양파 1/4개, 화이트와인식초 1/2컵, 엑스트라버진 올리브오일 1/2컵, 머스터드 소스 1과 1/2 큰술, 소금 1/2큰술, 흰 후추가루 약간

1 - 1.

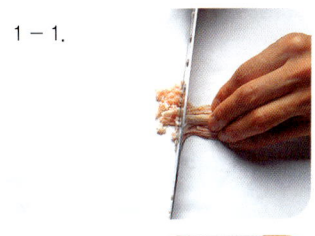

1 - 2.

만드는 방법

1. 베이컨과 양파를 곱게 다진다.
2. 팬에 베이컨과 양파를 넣어 볶는다.
3. 식힌 뒤 나머지 재료를 거품기로 잘 섞는다.

2.

가. 마요네즈를 기본으로 한 드레싱

3. 오로리 소스

가. 마요네즈를 기본으로 한 드레싱

집에서 흔하게 만들어 먹는 다용도 소스로 다우전 아일랜드 드레싱의 기본 소스이다.

마요네즈

토마토케첩

재료

마요네즈 6큰술, 토마토케첩 2큰술

만드는 방법

1. 그릇에 재료들을 넣고 마요네즈와 케찹을 3 : 1의 비율로 골고루 섞어서 연한 핑크빛이 나도록 한다.

4. 참치 마요네즈 소스

돼지고기, 닭고기 등 삶은 고기와 삶은 채소에 어울린다.

재 료

마요네즈 100g, 백포도주 10g, 참치 100g, 소금·후추 약간

만드는 방법

1. 그릇에 마요네즈를 넣고 참치를 동량으로 넣고 백포도주를 넣는다.
2. 소금·후추로 간하고 믹서에 넣고 섞는다

가. 마요네즈를 기본으로 한 드레싱

5. 탈탈 소스(TARTAR SAUCE)

가. 마요네즈를 기본으로 한 드레싱

채소샐러드에 사용하지만 빵가루를 입혀 튀긴 새우나 생선요리, 돈까스에 어울리는 부드러운 소스이다.

 재 료

마요네즈 1/2컵, 삶은 계란 1/2개, 다진 양파 1/2큰술, 다진 청피망 1/2큰술, 다진 오이피클 1/2큰술, 파슬리 가루 1/2큰술

 만드는 방법

1. 양파, 청피망, 오이피클을 각각 크기는 0.2cm 정도로 곱게 다지고 파슬리는 아주 곱게 다진다.
2. 양파는 소금물에 담가 매운 맛을 제거한다.
3. 삶은 달걀은 흰자, 노른자를 각각 0.2.cm크기로 다지되 으깨지지 않도록 한다.
4. 마요네즈에 ①과 ③의 재료를 모두 넣어 잘 섞고 후추와 레몬즙 또는 식초를 넣어 농도를 맞추어 그릇에 담는다.
5. 탈탈 소스에 파슬리 가루를 뿌린다

1.

6. 카레 드레싱

카레가루가 들어가 매콤한 맛이 나는 드레싱으로 채소샐러드에도 어울리지만 식빵에 양상추 한장을 깔고 샐러드를 얹으면 한 끼 식사로 거뜬한 샌드위치를 만들 수 있다.

재료

떠먹는 요구르트(플레인맛) $\frac{1}{4}$컵 마요네즈, $\frac{1}{4}$컵, 레몬즙 2큰술, 카레가루 1큰술, 다진 파슬리 1작은술, 소금·후추 약간씩

만드는 방법

1. 떠먹는 요구르트(플레인맛)와 마요네즈를 고루 섞는다.
2. ①에 카레가루를 잘 풀어 섞어 준다.
3. 나머지 재료를 넣고 잘 섞어 준다.

7. 크리미 어니언 드레싱

가. 마요네즈를 기본으로 한 드레싱

씨푸드 샐러드에 어울리는 드레싱으로 생크림의 달콤함과 레몬즙의 상큼함과 양파의 매콤함을 맛볼 수 있다.

재 료

마요네즈 4큰술, 다진 양파 2큰술, 생크림 3큰술, 설탕 1큰술, 다진 마늘 1작은술, 식초 1큰술, 레몬즙 1큰술, 다진 파슬리 1/2작은술, 소금 약간

만드는 방법

1. 양파와 마늘은 0.2cm 정도로 곱게 다지고 파슬리는 아주 곱게 다진다.
2. 생크림에 모든 재료를 넣어 섞는다.
3. 파슬리 가루를 뿌린다.

8. 파스타 샐러드소스

이탈리아를 대표하는 음식으로 밀가루를 물과 반죽한 것의 일종인 파스타에 셀러리, 빨강 피망, 청피망, 파를 잘게 썰어 소스에 버무리면 주요리 샐러드가 된다.

재 료

떠먹는 요구르트(플레인맛) 1컵, 마요네즈 1컵, 꿀 2작은술, 연겨자 1작은술, 양파 다진 것 1큰술, 마늘 다진 것 1작은술

만드는 방법

1. 양파와 마늘은 0.2cm 정도로 곱게 다진다.
2. 마요네즈에 떠먹는 요구르트(플레인맛)를 섞는다.
3. ② 에 나머지 재료를 섞는다.

가. 마요네즈를 기본으로 한 드레싱

9. 오이피클 드레싱

가. 마요네즈를 기본으로 한 드레싱

마요네즈를 주재료로 오이피클이 첨가되어 약간 단맛이 나는 드레싱으로 새콤달콤한 오이피클이 톡톡 씹히는 재미를 즐길 수 있고 셀러리와 청피망, 당근 등을 다져 넣으면 색이 더욱 고와진다.

재료

마요네즈 3큰술, 오이피클 ½개, 고추피클 1개, 다진 양파 1큰술, 식초 1큰술, 오이피클물 1큰술, 레몬즙 1큰술, 소금·후추 약간씩

만드는 방법

1. 오이피클과 양파는 0.2cm 정도로 곱게 다진다.
2. 마요네즈에 모든 재료를 넣어 섞는다.

10. 허니 머스터드 드레싱

최근 몇 년 사이에 마요네즈나 케첩만큼이나 대중화된 드레싱으로 식품매장에서 쉽게 찾을 수 있는 드레싱이 되었다. 허니 머스터드 드레싱은 어느 요리에나 무리 없이 어울리며 햄버거나 핫도그 같은 패스트푸드는 기본이고 샐러드나 쇠고기 철판구이, 닭가슴살로 만든 요리에도 사용되고 있으며 취향에 따라 다른 곳에서도 사용할 수 있다.

재료

마요네즈 1/2컵, 양겨자(머스터드) 1/3컵, 꿀 1/3컵, 식초 1/3컵

만드는 방법

1. 분량의 양겨자에 꿀과 마요네즈, 식초를 넣고 거품기로 잘 젓는다.
2. 꿀과 식초는 먹는 사람의 입맛에 따라 조절해도 좋다

1 - 1.

1 - 2.

가. 마요네즈를 기본으로 한 드레싱

1. 간장 드레싱

한국의 소스는 아무래도 서양의 소스보다는 칼로리가 낮다. 그 중에서 간장 드레싱이 대표격이다. 간장 드레싱은 새콤하고 짭조롬한 맛이 일품이고 샐러드뿐 아니라 스파게티, 고기 요리에도 잘 어울린다. 기름은 칼로리가 낮은 엑스트라버진 올리브유을 사용한다.

고춧가루 　 레몬즙 　 다진마늘

올리브유

재 료

간장 4큰술, 식초 2큰술, 레몬즙 4큰술, 다진 마늘 1작은술, 고춧가루 1/2큰술, 엑스트라버진 올리브유 1/2컵, 설탕 1큰술, 깨소금 1작은술

만드는 방법

1. 식초와 레몬즙을 제외한 모든 재료를 커다란 볼에 넣고 설탕이 다 녹을 때까지 잘 섞는다.
2. 마지막에 식초를 넣고 다시 잘 섞은 다음 레몬즙을 넣어 간장의 강한 맛을 없앤다.

1.

2.

2. 겨자 요구르트 드레싱

겨자요구르트 드레싱은 과일샐러드에 어울리는 드레싱이다.

🌱 재 료

떠먹는 요구르트(플레인맛) 5큰술, 다진마늘 1작은술, 레몬즙 2큰술, 설탕 2큰술, 겨자 1큰술, 식초 1큰술, 소금 1작은술

🌱 만드는 방법

1. 식초와 레몬즙을 제외한 모든 재료를 커다란 볼에 넣고 설탕이 다 녹을 때까지 잘 섞는다.
2. 마지막에 식초를 넣고 다시 잘 섞은 다음 레몬즙을 넣어 거품기로 잘 섞는다.

1.

2.

나. 오일&식초를 기본으로 만든 드레싱

3. 비네갈 드레싱

요리의 끝무렵에 넣는 것이 드레싱의 향미를 살리는 요령이며 주로 생채에 이용하는 것이 좋다.

재 료

엑스트라버진 올리브유 4큰술, 식초 2큰술, 설탕 1큰술, 다진 양파 1큰술, 다진 파슬리 1/2작은술, 소금, 흰후추 약간

1 – 1.

1 – 2.

만드는 방법

1. 엑스트라버진 올리브유와 소금, 흰후추, 설탕을 넣고 거품기로 섞는다.
2. 식초를 조금씩 떨어뜨리면서 거품기로 걸쭉한 상태가 될 때까지 섞는다.
3. 마지막으로 다진 양파와 다진 파슬리를 넣는다.

2.

나. 오일&식초를 기본으로 만든 드레싱

4. 살사 드레싱

채소에 매콤함을 더해주는 드레싱

방울 토마토

다진 양파

레몬즙

핫소스

다진 파슬리

재료

방울 토마토 1컵, 청양고추 1개, 다진 양파 3큰술, 식초 2큰술, 레몬즙 1큰술, 핫소스 2큰술, 설탕 1큰술, 다진 파슬리 1작은술, 소금 약간, 후춧가루 약간

만드는 방법

1. 토마토는 물기를 빼고 굵직하게 다지고, 청양고추도 송송 썰어 씨를 빼둔다.
2. 그릇에 다진 토마토와 청양고추, 분량의 재료를 넣고 섞는다.

나. 오일&식초를 기본으로 만든 드레싱

5. 시저 드레싱

우리나라 젓갈처럼 비릿한 맛도 나고 부드러운 마요네즈 맛도 나는 드레싱이다. 1924년 멕시코의 티후아나에 살던 이탈리아에 시저라는 요리사가 만들었다고 해서 이같은 이름이 붙여졌다.

🍴 재 료

올리브유 5큰술, 달걀노른자 1개, 엔초비(서양 멸치젓) 1큰술, 마늘 1쪽, 레몬즙 1큰술, 우스터소스 $\frac{1}{2}$작은술, 레드와인 식초 $\frac{1}{2}$큰술, 소금·후춧가루 약간씩

🍴 만드는 방법

1. 계란 노른자를 볼에 넣고 충분히 저은 다음 올리브유를 첨가하면서 마요네즈를 만든다.
2. 다음에 모든 재료를 믹서에 넣고 풀어지지 않도록 조심스럽게 섞어준다..

6. 엔초비 드레싱

재료

엑스트라버진 올리브오일 50g, 붉은고추 1개, 월계수잎 1장, 다진 양파 2큰술, 다진 마늘 1작은술, 엔초비 50g, 와인식초 30g, 레몬즙·후추·소금 약간

만드는 방법

1. 양파와 마늘, 붉은 고추를 곱게 다진다.
2. 냄비에 엑스트라버진 올리브유를 1/2를 넣고 다진 마늘, 붉은고추, 월계수잎, 다진 양파를 넣고 섞은 후 불에 올려 놓고 데운 후 식힌다.
3. ② 에 나머지 재료를 넣고 섞어 완성 한다.

올리브유

월계수잎

엔초비

다진 마늘

다진양파

다진 엔초비

나. 오일&식초를 기본으로 만든 드레싱

Ⅶ. 소스 만들기

7. 오렌지 만다린 드레싱

나. 오일&식초를 기본으로 만든 드레싱

새콤달콤한 맛이 나는 드레싱으로 고기와 채소샐러드에 잘 어울리는 소스이다.

🍴 참고

참깨를 넣어 주면 고소하며 오렌지 만다린 참깨 드레싱이라고도 한다.

1.

2.

🍴 재료

엑스트라버진 올리브유 4큰술, 계란 흰자1개, 오렌지즙 4큰술, 식초 2큰술, 설탕 1큰술, 다진 마늘 1작은술, 다진 생강 1작은술, 레몬즙 1큰술, 오렌지 과육 $\frac{1}{4}$개, 소금 약간

🍴 만드는 방법

1. 마늘과 생강은 곱게 다진다.
2. 달걀흰자를 볼에 넣고 거품기로 거품을 올린다.
3. 모든 재료를 ② 와 믹서에 넣어 섞는다.
4. 상에 내기직전에 잘 저어준다.

98 ● 내 몸을 살리는 힐링 샐러드와 소스

8. 오리엔탈 드레싱

오리엔탈 드레싱은 채소에 어울리는 드레싱이다. 간장과 청주와 다진파와 마늘 등을 넣어 만들었다는데서 동양적인 드레싱이라는 뜻에서 붙여진 이름이다. 신선한 채소를 먹고 싶은데, 느끼한 드레싱이 싫은 사람들에게는 짭쪼름하면서도 입맛을 자극하는 오리엔탈 소스를 권할만하다.

재료

간장 4큰술, 식초 2큰술, 설탕 2큰술, 참기름 1큰술, 청주 1큰술, 다진파·다진마늘 각각 1큰술, 깨소금 1큰술

만드는 방법

1. 파와 마늘은 곱게 다진다.
2. 다진파, 다진마늘에 식초를 제외한 모두를 설탕이 다 녹을 때까지 잘 섞는다.
3. 마지막에 식초를 넣고 잘 섞는다.

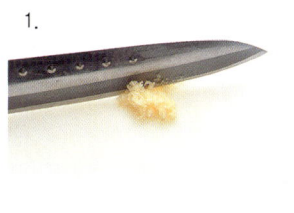
1.

2.

3.

나. 오일&식초를 기본으로 만든 드레싱

9. 오이 드레싱

오이 드레싱은 채소와 과일 샐러드에 어울리는 드레싱이다.

🌱 재 료

오이 1/2개 간 것, 식초 1큰술, 설탕 2작은술, 소금 약간

🌱 만드는 방법

1. 오이를 믹서에 간다.
2. ① 에 나머지를 넣고 설탕이 녹을 때까지 잘 섞는다.

나. 오일&식초를 기본으로 만든 드레싱

10. 요구르트 소스

달콤한 맛이라서 채소나 과일 샐러드에 어울린다.

참고

키위로 만들면 초록색이 채소의 신선함을 더해 주고 딸기로 하면 핑크빛이 샐러드를 화려하게 변신시킨다. 소스 맛이 강해 채소샐러드에 좋다.

재료

엑스트라버진 올리브유 1/2컵, 키위 3개(혹은 딸기 10개), 양파 2개, 떠먹는 요구르트(플레인맛) 2개, 파인애플 3쪽과 국물 조금, 소금과 후추 약간

만드는 방법

1.  양파, 파인애플, 키위를 믹서에 갈아 함께 섞는다.
2.  ①에 나머지를 넣고 소금이 녹을 때까지 잘 섞는다.

나. 오일&식초를 기본으로 만든 드레싱

Ⅶ. 소스 만들기 ● 101

11. 요구르트 크림소스

요구르트 크림소스 달콤해서 채소+과일에 잘 어울리는 소스이다.

요구르트   생크림   꿀

재 료

떠먹는 요구르트(플레인맛) 1개, 생크림 1/2컵씩, 설탕 2큰술, 꿀 1큰술, 레몬즙 1큰술, 소금 1/2작은술

만드는 방법

1. 생크림을 거품낸다.
2. 생크림에 떠먹는 요구르트(플레인맛)와 나머지 재료를 넣고 설탕이 다 녹을 때까지 잘 섞는다.

나. 오일&식초를 기본으로 만든 드레싱

12. 이탈리안 드레싱

마요네즈, 프렌치 드레싱 등과 함께 대표적인 샐러드 드레싱으로 올리브유가 들어가 이국적인 풍미가 있다. 보통은 채소 샐러드에 활용하는데 입맛에 따라 고기 요리나 스파게티에 곁들어도 좋다. 담백하고 향긋한 풍미를 느낄 수 있고 한 끼 식사로도 거뜬하다.

재 료

식초 1/3컵, 엑스트라버진 올리브유 2/3컵, 설탕 2작은술, 다진 마늘 1작은술, 블랙올리브 1/2컵, 양파(작은 것) 1/2개, 파슬리 가루 1큰술, 소금 후춧가루 약간

만드는 방법

1. 블랙올리브는 얇게 저며 썰고, 양파는 곱게 다져 놓는다.
2. 다진 파슬리는 거즈에 싸서 흐르는 물에 헹군 뒤 물기를 꼭 짠다.
3. 엑스트라버진 올리브유와 설탕, 다진 마늘과 다진 양파, 얇게 저민 블랙올리브, 파슬리 가루를 함께 섞은 뒤 마지막으로 식초를 넣어 섞는다.

1.
2.
3.

나. 오일&식초를 기본으로 만든 드레싱

13. 이탈리안 발사믹 드레싱

이탈리안 발사믹 드레싱은 채소에 어울리는 드레싱이다.

참고

발사믹 식초 : 단맛이 강한 포도즙을 나무통에 넣고 목질이 다른 통에 여러번 옮겨 담아 숙성시킨 포도주 식초로 향기와 풍미가 좋다. 수입 상가에 가면 쉽게 구할 수 있다.

재료

발사믹식초 4큰술, 올리브유 4큰술, 설탕 1작은술, 다진 마늘 1작은술, 소금·후추 약간

만드는 방법

1. 마늘은 곱게 다진다.
2. 다진 마늘에 식초를 제외한 모두를 설탕이 다 녹을 때까지 잘 섞는다.
3. 마지막에 식초를 넣고 잘 섞는다.

14. 일본식 다시마소스

일본 풍의 소스로 담백한 것이 특징이다. 맛술 대신 액젓을 넣고 고춧가루와 파·마늘 다진 것을 넣으면 한국식 맛을 즐길 수 있다.

재료

다시마 우려낸 국물 1/2컵, 간장 1/2컵, 맛술 2큰술, 식초 2큰술, 설탕 2큰술, 흰후추 약간 무즙과 깨즙, 잣가루 약간

만드는 방법

1. 물 한컵에 다시마를 넣고 끓여 면보에 걸러 식힌다.
2. ① 에 모든 재료를 넣고 섞는다.

1.

2.

나. 오일&식초를 기본으로 만든 드레싱

15. 프렌치 드레싱

마늘이 들어간 우리 입맛에 맞는 샐러드로 샐러드를 먹기 직전에 소스를 부어야 채소 색이 변하지 않는다. 칼로리가 적어 성인 식탁에 무난하다. 마늘과 참기름 대신 땅콩가루(2큰술)을 넣고 잘 섞어주면 어린이들이 좋아하는 맛이 된다. 매운 맛을 원하면 고추기름이나 겨자가루를 더하면 된다.

재료

엑스트라 버진 올리브유 5큰술, 식초 3큰술, 레몬즙 3큰술, 다진 마늘 1작은술, 다진 양파 ½큰술, 설탕 1큰술, 다진 파슬리 ½큰술, 소금·후추 약간씩, 참기름 조금

1-1.

1-2.

만드는 방법

1. 마늘과 양파, 파슬리는 곱게 다진다.
2. 모든 재료를 믹서에 넣어 섞는다.

2.

나. 오일&식초를 기본으로 만든 드레싱

Healing
salad
&
sauce

CAPTER 8.

VIII. 샐러드

가. 다이어트에 좋은 샐러드
나. 든든한 샐러드
다. 알뜰한 주부의 편한 샐러드
라. 보약이 되는 샐러드
마. 파티에 어울리는 샐러드
바. 노블래스 샐러드

가. 다이어트에 좋은 샐러드

1. 봄엔 두릅샐러드(두릅숙회)

재료 새송이버섯 2개, 표고버섯 2개, 느타리버섯 3개, 베이비채소 100g

예부터 봄엔 두릅을 살짝 데친 후 무쳐먹거나 초고추장에 찍어 먹었다.

우리식 샐러드다.

두릅에는 나무두릅, 민두릅, 땅두릅이 있는데 상큼한 맛과 은은한 향기가 나며 단백질과, 무기질, 비타민C가 특히 많다.

그리고 쓴맛이 나게 하는 것은 사포닌 성분인데 혈액순환을 도와줘 피로회복에 좋으며 신경을 안정시키는 성분이 들어있어 마음을 후련하게 해주고 불안감을 없애준다. 두릅을 말려서 차로 만들어 마시면 좋은 효과를 볼 수 있다.

만드는 방법

1. 두릅은 연한 것을 골라 밑동을 잘라낸다.
2. 끓는 물에 살짝 데쳐 물기를 뺀다.
3. 상추, 쑥갓 등의 채소와 함께 초고추장 소스에 곁들인다.

가. 다이어트에 좋은 샐러드

2. 솔직담백한 버섯 샐러드

재료 새송이버섯 2개, 표고버섯 2개, 느타리버섯 3개, 베이비채소 100g

담백해서 맛이 있는 버섯, 더구나 먹으면 몸이 좋아할 것 같은 버섯으로 샐러드를 만든다.

버섯에는 비타민C, 무기질(특히 칼슘과 철분) 함량이 많고 혈액 순환을 돕고 콜레스테롤 수치를 떨어뜨려 고혈압이나 심장병 예방에 효과적이다.

단백질, 미네랄, 비타민류가 풍부해 고혈압을 예방하고 신장염, 담석증, 위장장애, 구루병 등에 효능이 있다. 버섯은 향을 살릴 수 있도록 너무 오래 끓이거나 오래굽지 않는 것이 좋다.

만드는 방법

1. 표고버섯과 새송이버섯은 슬라이스 한다.
2. 느타리버섯은 가늘게 찢는다.
3. 석쇠에 노릇하게 구워낸다
4. 채소와 버섯을 모양내어 담고 소스와 함께 낸다.

가. 다이어트에 좋은 샐러드

3. 여린 듯 질긴 듯 샐러드

재 료 질경이 100g, 양파 1/4개, 양배추 1/8개, 적채(보라색 양배추) 1/8개

사람이 많이 밟고 다니는 곳에 나는 질경이 무심코 지나쳐버린 들풀이지만 강하고 힘차게 우리 곁에 있는 건강 샐러드다.

질경이는 민간요법에서는 만병통치약인 것처럼 여겨질 정도로 무병장수의 식물이며 각종 질병을 막아주는 매우 훌륭한 식물이다. 암세포 억제, 간 기능 강화 외에도 기침, 가래, 건위, 강장에도 효험이 있다. 뿌리 채 깨끗이 씻어 녹즙기에 넣어 갈아서 마시거나 차 또는 생으로 먹으면 효과가 좋다.

만드는 방법

1. 질경이는 깨끗이 씻어 다듬는다.
2. 양파는 얇게 슬라이스 한다.
3. 양배추는 가늘게 채를 썬다.
4. 적채는 가늘게 채를 썰고 모든 채소는 찬물에 담갔다가 물기를 제거한다.
5. 그릇에 담아 소스를 곁들인다.

가. 다이어트에 좋은 샐러드

4. 몸이 가벼워지는 샐러드

재료   명이초 50g, 당귀 50g, 양파 1/4개

명이초(산마늘)는 해독, 소화불량, 심복통, 풍에 탁월한 효과가 있으며 당귀는 해독, 진정작용 혈액순환을 잘 시켜 몸을 따뜻하게 만들어 준다.

만드는 방법

1. 양파는 얇게 링으로 썬 다음 찬물에 담갔다가 건져놓는다.
2. 명이초와 당귀는 먹기 좋은 크기로 손질하여 양파와 함께 담는다.
3. 소스와 함께 낸다.

가. 다이어트에 좋은 샐러드

5. 들 채소샐러드

재 료 찔레순 50g, 질경이 50g, 민들레 50g, 쌈배추 30g, 고추냉이잎 50g

들로 소풍을 나가보자.

우리가 알고 있는 들 채소들이 자신을 뽐내고 있다.

모두 우리 몸을 이롭게 하는 것들이다.

이런 들 채소를 모아 즉석에서 샐러드를 만들어 먹어보자.

자연의 입맛이 입 안 가득 퍼져 건강한 당신을 더욱 건강하게 해준다.

찔레순은 성장호르몬이 들어있어 아이들의 성장발육에 효과가 크고 임산부들에게 좋다.

민들레는 독이 없으며 간, 위에서 열을 내리고 소변이 잘 나오게 하고, 염증을 없애며, 위장을 튼튼하게 하고, 독을 풀고 피를 맑게 하는 등의 작용이 있다.

고추냉이 잎은 비타민 등의 영양소가 풍부하고, 식욕증진, 인체 내 비타민 B1의 합성증강, 장내에서 비타민 C의 안정성유지, 항균성 등의 기능이 있다.

만드는 방법

1. 채소들은 다듬어서 찬물에 담가둔 후 물기를 제거한다.
2. 먹기 좋은 크기로 담아 소스와 함께 낸다.

가. 다이어트에 좋은 샐러드

6. 바구니 샐러드

재 료 상추 50g, 명이초 50g, 돌미나리 50g, 쑥갓 50g 곰취 50g, 케일 50g, 돗나물 50g, 셀러리 50g, 두릅 50g

옛날 추억에 잠긴 바구니 하나쯤 있다면 여러 가지 채소를 바구니에 돌려 담아 본다.

싱싱함이 살아있어 더욱 좋고 옛날 추억을 꺼내면서 다양한 맛도 즐긴다.

만드는 방법

1. 모든 채소는 다듬어 적당한 크기로 썰어 놓는다.
2. 두릅은 끓는 물에 살짝 데친 후 찬물에 담가둔 후 물기를 제거한다.
3. 소스를 같이 담아낸다.

가. 다이어트에 좋은 샐러드

7. 착한샐러드

재 료 곰보배추 100g, 당근 20g, 오이 20g

곰보배추는 그 모양이 못생겼다 하여 못난이 배추라고 한다.

그러나 그 하는 역할이 착하여 요즘 사람들에게 사랑받고 있다.

살펴보면 기침을 멎게 하고 가래를 삭히며 온갖 균을 죽이는 작용이 있으며 맛은 맵고 쓰며 성질은 평하거나 서늘하며 독이 없다.

소변을 잘 나가게 하고 혈액을 맑게 하며 몸 안에 있는 독을 풀고 기생충을 죽이는 효능이 있다.

만드는 방법

1. 곰보배추는 티를 골라내고 먹기 좋게 썰어준다.
2. 당근과 오이는 4~5cm로 썰어준다.
3. 볼에 곰보배추와 당근, 오이를 섞어서 담아준다.
4. 소스와 함께 낸다.

 나. 든든한 샐러드

1. 아침 한 끼로 충분한 한 끼 샐러드

재 료   시금치 300g, 식빵 1개, 치즈 1장, 양파 1/2개, 빨강 파프리카 1/2개, 노랑 파프리카 1/2개

곡물과 치즈를 듬뿍 넣어 아침을 가뿐하고 영양이 가득한 아침으로 만드는 샐러드다.

시금치는 빈혈, 소화불량에 좋으며 가뿐한 아침을 위한 변비해소에도 좋고 빵과 치즈를 곁들여 입맛 없는 아침에 식욕을 돋구어본다.

🍴 만드는 방법

1. 식빵은 버터 없이 토스트를 하고 정사각형으로 자른다.
2. 양파, 파프리카는 얇게 슬라이스 한다.
3. 시금치는 찬물에 담근 후 물기를 제거한다.
4. 그릇에 보기 좋게 담고 치즈를 올린 후 소스를 끼얹는다.

Ⅷ. 샐러드　125

나. 든든한 샐러드

2. 생각만해도 가슴뛰는 콩샐러드

재 료 콩 300g, 오이 1/4개, 청·홍피망 1/2개씩, 양파 1/4개, 사과 1/4개

　콩은 피로회복, 기미방지, 뼈를 튼튼하게 하고 폐경기 여성에게 좋다. 콩을 섭취할 때는 과도하게 섭취할 경우 신장에 무리를 줄 수 있고, 사포닌은 지나치게 많이 섭취하게 되면 우리 몸의 요오드가 빠져나가기 쉬우므로 미역, 다시마, 김과 같은 해조류인 요오드 함유 제품을 같이 먹으면 좋다. 또 콩을 갈게 되면 금방 공기에 접촉되어 산화되어 비린내가 나게 되므로 콩을 갈아 먹는 경우에는 바로 먹도록 한다.

만드는 방법

1. 콩은 불린 후 푹 삶는다.
2. 오이, 청·홍피망, 양파, 사과는 깍둑썰기 한다.
3. ①, ② 재료와 함께 드레싱을 버무린다.

나. 든든한 샐러드

3. 달콤함을 주는 다이어트 샐러드

재료 고구마 2개, 마요네즈 4큰술, 건포도 4큰술, 삶은 옥수수 4큰술, 삶은 노른자 2개, 단호박 1/4개

고구마는 암 예방에 좋고 감자보다 당 지수가 낮아 다이어트에도 좋다.

단호박은 장에 좋아 여름내 지친 장 기능을 활성화해 원기를 보충하는데 효과적이다. 장이 좋아지면 부기가 빠지고 피부가 예뻐진다. 특히 옐로 푸드에 많은 비타민 C가 면역력을 높여줘 다가올 차가운 날씨에 대항할 수 있는 몸을 만들어준다.

만드는 방법

1. 고구마와 단호박은 푹 삶은 후 뜨거울 때 으깬다.
2. ① 에 삶은 옥수수, 건포도, 마요네즈, 으깬 노른자를 섞어 간을 한다.
3. 그릇에 예쁘게 담아 낸다.

VIII. 샐러드   129

나. 든든한 샐러드

4. 머리에 활력을 주는 피스타치오 샐러드

재 료   피스타치오 50g, 아몬드슬라이스 50g, 땅콩 50g, 호두 50g

씹는 맛이 있는 견과류는 두뇌에 힘을 주고 적당량 먹을 경우에는 장운동을 촉진해 음식물의 소화를 돕는다.

땅콩이나 잣은 한번 먹을 때 20개 정도, 호두는 5개 정도 먹는 것이 적당하며, 1주일에 두 번 정도 먹는 것이 좋다. 견과류의 지방은 빨리 변질되므로 개봉한 견과류는 밀폐해 냉동 보관하는 것이 안전하다.

만드는 방법

1. 호두는 살짝 데친 후 껍질을 제거한다.
2. 모든 재료를 섞은 후 드레싱을 섞는다.
3. 모양내어 담는다.

나. 든든한 샐러드

5. 음양의 조화가 일품인 새싹 샐러드

재 료 돼지고기 70g, 새싹 50g, 깻잎 1묶음

음양의 조화를 생각하면서 쌈을 싸는 샐러드를 만들어보자.

맛있고 질 좋은 돼지고기와 채소의 어울림으로 고기를 넣어 만든 푸짐한 메인 샐러드가 된다.

만드는 방법

1. 돼지고기는 곱게 다지고 간장소스로 양념하여 익혀낸다.
2. 깻잎은 모양낸 후 쇠고기, 새싹순으로 올린다.
3. 접시에 모양내어 담는다.

1-1

1-2

2-1

2-2

2-3

2-4

TIP

브로콜리싹 : 암예방

순무싹 : 간염, 황달 개선,

무싹 : 열 낮추고 부기 가라앉힘,

적무싹 : 소화를 도움

알팔파싹 : 배변과 피부 미용을 도움

배추싹 : 위에 좋고 변비 개선

양배추싹 : 노화, 암 예방하는 셀레늄 함유

다채싹 : 야맹증 예방겨자싹 : 카로틴, 칼슘, 철분 함유

크레스싹 : 간에 좋음

들깨싹 : 어린이 발육과 산후 조리에 유용

밀싹 : 혈액 정화

쌀보리싹 : 혈압 낮추고 빈혈 및 당뇨병 개선

옥수수싹 : 식욕 증진

홍화싹 : 뼈의 강화, 혈압 개선

완두싹 : 당뇨병 개선, 체력 회복

메밀싹 : 혈관 질환과 비만 개선

부추싹 : 혈행을 돕고 감기에 효과

나. 든든한 샐러드

6. 밥보다 가벼운 국수 샐러드

재료 국수 1인분, 김치 3줄기, 칵테일 새우 50g

　김치 영양성분이외에 김치 특유의 풍미로 인한 식욕증진 효과에서도 찾을 수 있다. 또한 칼로리를 공급하는 영양소라기 보다는 여러 종류의 비타민과 무기질인 칼슘 성분을 공급하는 식품이며 특히, 젓갈류에서 공급되는 아미노산과 김치의 발효, 숙성에 따른 유기산, 고추, 마늘, 생강 등 조미 채소류에 들어 있는 여러 종류의 특수 성분은 김치의 영양학적 가치를 높이는 것으로 평가되고 있다.

만드는 방법

1. 국수는 삶은 후 찬물에서 씻은 후 사리 지어 둔다.
2. 김치는 송송 썰어 팬에 살짝 볶아준다.
3. 칵테일 새우는 끓는 물에 살짝 데친다
4. 그릇에 채소를 깔고 국수, 김치, 칵테일 새우 순으로 쌓고 소스를 끼얹는다.

Ⅷ. 샐러드　135

나. 든든한 샐러드

7. 휴일 아침을 위한 샐러드

재료 당근 1/3개, 오이 1/2개, 양파 1/4개, 찰옥수수 100g, 강낭콩 100g, 머스터드 1큰술, 마요네즈 3큰술

🍴 만드는 방법

1. 찰옥수수는 물에 넣고 약불 에서 오래 푹 삶는다.
2. 강낭콩은 끓는 물에 살짝 삶는다.
3. 당근, 오이, 양파는 얇게 네모지게 썬다.
4. 모든 재료를 머스터드, 마요네즈(1:3)에 버무린 후 타르트 틀에 담아낸다.

🍴 타르트 재료

버터 120g, 설탕 60g, 박력분 240g, 달걀 1개, 바닐라오일 1작은술, 소금 1/2 작은술

🍴 타르트 만드는 방법

1. 실온에서 부드러워진 버터를 그릇에 넣고 거품기로 저어 크림상태로 만든 후 설탕을 나눠 넣으며 거품기로 저어 고루 섞고 멍울을 푼 달걀을 조금씩 나눠 넣으며 크림 상태로 만든다.
2. 크림상태의 반죽에 바닐라오일을 넣고 박력분 넣고 11자를 그리듯 잘 섞어 반죽을 한덩어리로 만든 후 비닐에 싸서 냉장고에 최소 한 시간 이상 휴지시킨다.
3. 작업대에 반죽 놓고 밀대로 밀어서 0.2cm 두께로 밀어 놓는다
4. 손으로 타르트 팬 바닥과 옆면에 반죽을 밀착시킨 후 틀 윗부분을 밀대로 밀어 반죽을 깨끗하게 잘라 준 다음 포크로 반죽 바닥에 구멍을 내 준다.
5. ④ 의 반죽 위에 콩이나 누름돌을 올려 놓고 180도로 예열한 오븐에 15~20분정도 색을 보며 구워 낸다. (*오븐마다 차이가 있으니 색을 보면서 시간을 조절 하는 것이 좋다)

다. 알뜰한 주부의 편한 샐러드

1. 은근한 매력을 주는 양상추샐러드

재 료 양상추1/2통, 베이비 채소 및 녹황색 채소 150g

주변에서 쉽게 접할 수 있는 채소들을 이용하여 샐러드를 만든다.

만들기 간편하면서도 어디서든 쉽게 볼 수 있는 샐러드다.

달콤한 맛이 있는 채소, 쌉쌀한 맛이 있는 채소, 아삭한 맛이 있는 채소 등 여러 가지 맛이 식전 식욕을 좋게 해 줄 것이다.

만드는 방법

1. 양상추는 손으로 뜯어서 찬물에 담가준다.
2. 베이비 채소나 여러 가지 녹황색 채소를 먹기 좋은 크기로 잘라서 찬물에 담갔다가 건져놓는다.
3. 볼에 모두 합하여 담고 소스를 뿌려서 낸다.

다. 알뜰한 주부의 편한 샐러드

2. 부족한 영양을 보충해주는 밸런스 샐러드

재료 차돌박이 50g, 양상추 50g, 영양부추 20g, 깻잎 10g, 무순 10g, 적채(보라색 양배추) 5g

부추, 깻잎 등 신선한 채소에는 건강유지에 도움을 주는 무기질들이 많이 함유되어 있으며, 비타민A, C도 풍부한 건강 채소이다.

부추는 고기의 냄새제거와 소화에 도움을 준다고 알려져 있고 향은 생선과 고기의 냄새를 없애주므로 고기와 함께 먹으면 영양밸런스에 좋다.

만드는 방법

1. 차돌박이는 소금, 후추로 간을 하여 달군 팬에 굽는다.
2. 양상추는 손으로 뜯어서 찬물에 담가 두었다가 물기를 뺀다.
3. 영양부추는 길이로 썰어주고 깻잎은 4등분 한다.
4. 적채는 가늘게 채 썰어주고 찬물에 담갔다가 건져둔다.

다. 알뜰한 주부의 편한 샐러드

3. 독특한 맛을 주는 메밀싹 샐러드

재료: 두부 반모, 메밀순 50g, 식용유약간

메밀 싹은 메밀이 발아과정을 거치면서 메밀이 갖는 독성 성분이 사리지고, 루틴, 아미노산, 무기염류 등의 성분이 증가한 영양덩어리 식품이다.

손으로 만져보아 끈적임이 없는 싱싱한 두부와 영양 가득한 메밀순과 함께 든든한 한 끼 샐러드를 만든다.

만드는 방법

1. 두부는 달군 팬에 기름을 두르고 노릇하게 굽는다.
2. 먹기 좋게 썰어준다.
3. 메밀순은 씻어서 건져놓는다.
4. 볼에 두부를 담고 그 위에 메밀순을 듬뿍 얹어서 소스와 함께 낸다.

다. 알뜰한 주부의 편한 샐러드

4. 우리아이 성장에 도움이 되는 연두부 샐러드

재 료 연두부 1모, 부추 20g, 오이 1/3개, 홍고추 약간

두부보다 소화가 잘되는 연두부는 성장기 어린이 두뇌 발달에 효과적이고 뼈와 근육 성장을 도우며, 갱년기 증상 완화에 도움이 된다.

만드는 방법

1. 부추는 5 ~ 6cm로 썰어준다.
2. 오이는 동글동글하게 썰어서 찬물에 담갔다 건진다.
3. 연두부는 포장 채 끓는 물에 담갔다가 건져서 접시에 담는다.
4. 연두부를 담은 접시에 부추와 오이를 모양내어 담고 홍고추로 마무리한다.

다. 알뜰한 주부의 편한 샐러드

5. 행복한 일상을 열어주는 채소 샐러드

재료 냉장고 자투리 채소, 올리브, 국화차 등

　냉장고에서 흔하게 볼 수 있는 채소로 샐러드를 만들어 보자.

　조금 많은 채소는 많이 넣고 적은 것은 적은 대로 넣으면 된다.

　먹다 남은 블랙올리브나 차로 우려마시고 남은 국화 같은 것도 넣고 여러 가지 편한 것을 모두 섞어서 쉽게 만들어 본다.

만드는 방법

1. 채소는 세로로 자른 다음 어슷어슷하게 잘라 찬물에 담가 물을 뺀다.
2. 블랙올리브는 동글동글하게 썬다.
3. 국화차는 차로 우려마시고 남은 것을 넣어준다.
4. 접시에 여러 가지 채소를 담고 올리브나 국화 등 여러 가지 것을 올려서 소스와 함께 낸다.

다. 알뜰한 주부의 편한 샐러드

6. 다이어트에 좋은 곤약 죽순샐러드

재 료 실곤약 100g, 죽순30g, 홍고추 1/3개

특별한 맛과 향은 없는 곤약.
 영양적으로 보면 거의가 수분으로 영양가는 제로에 가깝다고 생각되기 십상이다.
 그러나 한국인의 식생활에서 부족하기 쉬운 칼슘을 충분히 포함하고 있다.
 칼로리가 적어 다이어트에도 좋은 죽순과 함께 웰빙 여성을 위한 샐러드로 만들어보자.

만드는 방법

1. 실곤약은 씻어서 건져놓는다.
2. 죽순은 끓는 물에 데쳐서 찬물에 담가두었다가 건진다.
3. 죽순은 빗살무늬로 썰어준다.
4. 홍고추는 곱게 다진다.
5. 볼에 실곤약과 죽순을 담은 후 곱게 다진 홍고추로 마무리한다.

다. 알뜰한 주부의 편한 샐러드

7. 자주 먹을수록 좋은 찻잎 샐러드

재 료   녹차잎 1작은술, 오이 1/2개

　마시고 남은 찻잎을 꼭꼭 씹어 먹으면 그릇에 남아있던 마지막 차향까지 몸속으로 오는 것 같다. 그 속에는 찻잎의 여러 가지 효능 까지 찾아와 한층 더 향긋해진다.

　녹차는 차 중에서도 가장 강력한 항암 효과를 갖고 있으며 노화 억제, 성인병 예방, 비만 예방과 다이어트, 중금속과 니코틴 해독 작용, 피로회복과 숙취해소, 변비 예방, 충치 예방, 체질의 산성화 예방, 염증과 세균 감염 억제 등…….
　좋은 것은 굳이 말하지 않아도 안다.

만드는 방법

1. 녹차 잎은 차로 우려 마시고 남은 것을 준비한다.
2. 오이는 동글동글하게 썬다.
3. 볼에 녹차 잎과 오이를 담은 후 소스를 곁들여 낸다.

다. 알뜰한 주부의 편한 샐러드

8. S라인 몸매를 만들어 주는 청포묵 샐러드

재료 청포묵 50g, 도토리묵 50g, 당근 30g, 오이 30g, 양상추외 베이비 채소약간

다이어트에 효과 만점인 묵으로 샐러드를 만들어 S라인에 도전해보자.

 시원한 산속 계곡에서 발 담그며 먹는 도토리묵 한 접시는 아니어도 산속향 가득히 입안에서 행복해진다.

* 말린 묵으로 샐러드를 만들면 또 다른 매력을 느낄 수 있다.

만드는 방법

1. 청포묵과 도토리묵은 주사위 모양으로 썬다.
2. 당근과 오이는 먹기좋게 썰어준다.
3. 여러 가지 베이비 채소를 섞어서 준비한다.
4. 볼에 준비한 베이비 채소를 담고 그 위에 묵과 당근, 오이를 담아 낸 후 소스를 곁들인다.

라. 보약이 되는 샐러드

1. 간에 약이 되는 샐러드

재료 돌미나리 80g, 취나물 20g

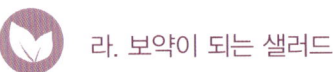

　신선함이 강해서 즐거움도 강한 녹황색 채소는 간이 약한 이에게 좋다. 더구나 돌미나리는 그 영향이 크다. 여리고 부드러운 돌미나리와 취나물을 생으로 먹으면 입안에 향이 가득하다.

만드는 방법

1. 돌미나리는 깨끗하게 씻어서 4 ~ 5cm 크기로 자른다.
2. 취나물은 억센 줄기는 잘라내고 부드러운 것으로 선별한다.
3. 돌미나리와 취나물을 함께 섞어서 그릇에 담고 소스를 곁들여 낸다.

라. 보약이 되는 샐러드

2. 감기를 이기는 샐러드

재료 양파 1개, 부추 50g, 바지락 1봉, 칵테일새우 100g

해산물을 넣어 만들어 싱싱함이 살아있고 유자 소스와 함께 먹으니 감기까지 이기는 샐러드다.

만드는 방법

1. 양파는 채 썰어 놓는다.
2. 부추는 4 ~ 5cm로 썰어준다.
3. 바지락은 해감 하여 끓는 물에 데쳐준다
4. 칵테일 새우는 끓는 물에 데쳐준다.
5. 재료를 모두 담아주고 유자소스를 뿌려준다.

라. 보약이 되는 샐러드

3. 건강한 하루를 열어주는 샐러드

재 료   복분자 100g, 비트 50g, 당근 30g, 양파 20g

복분자는 산딸기의 한자이름으로 복분자를 즐겨먹으면 오줌줄기가 세져 요강이 엎어진다 하여 엎어질 복(覆), 요강 분(盆) 이렇게 표현하는데 여기에 붉은색 식품인 비트, 당근 등을 함께 섞어서 먹는다면 생활에 활력을 가지게 되는데 도움이 될 것 같다.

만드는 방법

1. 복분자는 티를 골라낸다.
2. 비트, 당근, 양파는 곱게 채 썰어서 찬물에 담근다.
3. 체에 밭쳐 물기를 뺀 다음 접시에 담고 복분자를 얹은 다음 복분자 소스를 뿌려서 낸다.

라. 보약이 되는 샐러드

4. 갈증해소 샐러드

재 료 오이1개, 양파 1/2개, 빨강 파프리카 1/4개, 노랑 파프리카 1/4개, 주황 파프리카 1/4개, 청피망 1/4개

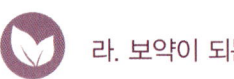

시원하고 아삭아삭한 맛이 일품인 오이는 체내의 노폐물을 나가게 하고 몸을 맑고 깨끗하게 해준다. 오이는 표면이 거칠하고 오돌 도톨한 것이 신선하고 맛도 좋다. 먹고 나면 목마름까지 해결해주는 오이로 근사한 한 접시 샐러드를 만든다.

만드는 방법

1. 양파는 채 썰어서 찬물에 담근 다음 물을 빼준다.
2. 오이는 소금으로 문질러 씻어 준 다음 필러로 얇게 벗기듯이 썰어준다.
3. 색깔별 파프리카와 피망은 링으로 썰어준다.
4. 접시에 오이를 반씩 접어서 놓고 양파와 파프리카, 피망 링을 함께 놓아 준 다음 소스를 뿌려 낸다

라. 보약이 되는 샐러드

5. 원기왕성 샐러드

재 료   수삼 2뿌리, 양상추 200g, 배 1/4개, 대추 3개, 밤 3개

몸에 힘을 주는 수삼과 배, 대추, 밤을 듬뿍 넣어서 먹으면 셀러드 한접시로도 힘이 솟을 것 같다.

만드는 방법

1. 수삼은 물에 담기었다가 깨끗이 씻어서 편으로 썬다.
2. 양상추는 먹기 좋게 손으로 뜯어서 찬물에 담가 두었다가 물을 빼준다.
3. 배는 껍질을 벗겨 나박나박 썰어준다.
4. 대추는 돌려깍기 하여 씨를 빼준 다음 채 썰고 밤도 썰어준다.
5. 모두 그릇에 담아준 다음 꿀 소스에 버물려서 먹는다.

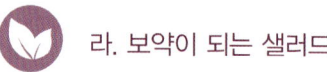

라. 보약이 되는 샐러드

6. 몸에 활력을 주는 마늘 샐러드

재 료 통마늘 70g, 마늘쫑 20g, 아스파라거스 20g, 베이컨 2쪽, 소금, 설탕, 흑임자 약간씩

일상에서도 꾸준히 먹고 있는 마늘.

매운맛이 싫거나 위가 약한 사람에게는 익혀서 먹으면 매운맛이 거의 나지 않고 순해진다.

오히려 단맛이 증가하고 고소한 향이 남으며 냄새 문제까지 해결되어 아이들도 쉽게 먹을 수 있다.

만드는 방법

1. 통마늘은 알알이 떼어서 껍질째 씻어 김이 오른 찜통에 1분간 쪄준다.
2. 팬에 기름을 두르고 약한 불에서 찐통마늘을 3분가량 볶은 다음 소금과 설탕, 흑임자를 넣어준다.
3. 마늘쫑과 아스파라거스도 5cm정도로 잘라서 볶는다
4. 베이컨은 달군팬에 기름이 빠지도록 구어서 먹기좋게 썬다
5. 볼에 보기좋게 담아서 소스와 함께 먹는다.

라. 보약이 되는 샐러드

7. 여름 보신으로 딱 맞는 닭가슴살 샐러드

재 료 닭가슴살 200g, 숙주 50g, 배 1/4개, 청피망 1/2개, 홍피망 1/2개

여름철 무더위를 이기려면 몸에 좋은 여러 가지를 섭취해야 한다.

지방이 적고 담백한 닭가슴살을 여름나기에 이용하자.

삼계탕과 함께 드시면 더욱 좋을 것 같은 샐러드다.

만드는 방법

1. 닭가슴살을 끓는 물에 삶아서 결대로 어준 다음 차게 식혀둔다.
2. 숙주는 끓는 물에 소금을 넣고 데쳐서 차게 식혀준다.
3. 배는 채 썬다.
4. 청피망과 홍피망은 씨를 빼고 채썰어준다.
5. 볼에 모든 재료를 섞은 다음 소스에 버무려 예쁜 그릇에 담아 낸다.

라. 보약이 되는 샐러드

8. 상큼 발랄함을 주는 딸기 샐러드

재 료 딸기 100g, 비타민채소 50g

비타민의 여왕인 딸기.

  늘 곁에 두고 먹으면 젊음을 유지할 것 같은 딸기를 듬성듬성 잘라서 소스와 함께 먹어보자. 그 향에 취하고 맛에 취하고 또 내 청춘을 보장해 줄 것만 같은 샐러드다.

만드는 방법

1. 딸기의 꼭지를 뗀 다음 납작납작하게 썰어준다.
2. 비타민채소는 먹기 좋게 다듬어준다음
3. 접시에 딸기를 돌려 담고 비타민채소를 담은 다음 소스를 뿌려서 낸다.

라. 보약이 되는 샐러드

9. 삼복더위에 원기왕성 장어 샐러드

재 료 양념된 장어 100g, 영양부추 100g, 대파 70g, 양파 50g, 생강 1톨

장어는 비타민A, 비타민 E의 함량이 많아서 산화를 억제하고 옛날부터 보양, 강장식품으로 인기가 좋은 스테미너 식품이다.

양념된 장어를 부추, 파, 양파 등 신선한 채소와 함께 먹어 자연의 맛을 입안 가득 느껴보자.

만드는 방법

1. 부추는 6cm 길이로 썰어주고 대파는 흰 부분을 가늘게 채썰어준다.
2. 양파도 가늘게 채 썰어 부추, 대파와 함께 찬물에 담가 두었다가 물기를 빼준다.
3. 생강은 채 썰어 찬물에 담가 전분을 빼고 물기를 제거 한다.
4. 장어는 어슷어슷 하게 썰어둔다.
5. 접시에 장어를 담고 그 위에 채 썬 생강을 올려준다.
6. 접시 한쪽에 채소 썬 것을 푸짐하게 올려서 장어와 함께 먹는다.

Ⅷ. 샐러드

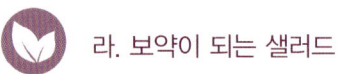

라. 보약이 되는 샐러드

10. 피부미인을 만들어 주는 채소샐러드

재 료 브로콜리 50g, 컬리플라워 50g, 양상추 30g

사계절 모두 볼 수 있는 브로콜리와 컬리플라워
몸에는 좋으나 잘 안 먹어지는 브로콜리와 컬리
플라워를 살짝 데쳐서 소스에 숨긴 다음
예쁜 그릇에 담아 주자.
사춘기 소녀들의 피부미인 만들기를 위해 …….

만드는 방법

1. 브로콜리와 컬리플라워는 굵은 밑동 부분을 잘라내고 먹기 좋은 작은 송이로 자른다.
2. 끓는 물에 데친 다음 찬물에 담가 차게 식힌다.
3. 양상추는 먹기 좋게 손으로 뜯은 다음 찬물에 담가 아삭하게 한 다음 브로콜리와 컬리플라워도 같이 물기를 제거 한다.
4. 볼에 담고 소스를 얹어서 낸다.

라. 보약이 되는 샐러드

11. 땅속의 기운을 받는 뿌리채소 샐러드

재료 연근 30g, 더덕 30g, 도라지 30g, 당귀 30g, 양상추 약간

땅속에서 자란 하얀 뿌리채소는 더덕, 인삼, 도라지, 우엉, 연근, 마, 당귀 등 우리 주변에서 흔하게 볼 수 있는 식품이다.

여기에 검은 식용 숯으로 갈아 만든 소스를 곁들여서 먹는다면 땅속기운이 내 몸에 고스란히 전달될 것 같다.

만드는 방법

1. 연근, 더덕, 도라지, 당귀는 껍질을 벗긴다.
2. 연근은 동그랗게 썰어서 식초 물에 담갔다가 건지고
3. 더덕, 도라지, 당귀는 어슷하게 썰어서 소금물에 담갔다가 건진다.
4. 양상추는 먹기 좋게 뜯어서 찬물에 담갔다가 건져둔다.
5. 접시에 양상추를 깔고 ③ 을 듬뿍 얹은 다음 소스를 뿌려준다.

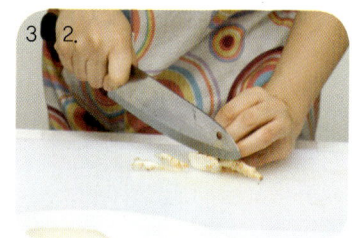

마. 파티에 어울리는 샐러드

1. 바다의 깊은 맛을 주는 주꾸미와 갑오징어 샐러드

재 료 주꾸미 1마리, 갑오징어 1마리, 완숙 토마토 1/2개, 양상추 50g, 노랑파프리카 1/4개, 빨강 파프리카 1/4개, 오이 1/4개

바다의 깊은 맛을 담은 샐러드

싱싱한 해물을 입안까지 부드럽게 느낄 수 있다. 낙지보다 덜 질기고 오징어보다 훨씬 감칠맛이 나는 주꾸미는 살짝 데쳐서 몸통째 먹어야 제 맛이다.

주꾸미의 부드러운 맛을 즐기려면 짧은 시간에 요리하는 것이 가장 중요하다. 조금만 열을 가해도 금방 오그라들기 때문에 물에 데칠 때에도 살짝 익혀야 좋다. 또 빨판에 붙어 있는 이물질을 제거할 때 소금 대신 밀가루를 이용하여 주물러주면 개흙도 깨끗하게 씻겨나가고 미끈미끈한 진액까지 제거된다.

만드는 방법

1. 주꾸미는 먹물을 제거하고 갑오징어는 연골을 제거한 다음 끓는 물에 데쳐준다.
2. 주꾸미와 갑오징어는 모양을 살려가며 잘라준다.
3. 토마토는 칼집을 넣어 끓는 물에 넣어다 건져서 껍질을 벗긴 다음 썰어준다.
4. 양상추는 손으로 뜯어서 찬물에 담갔다가 건져준다.
5. 색깔별 파프리카와 오이는 동글동글하게 썰어준다.
6. 접시에 양상추, 파프리카, 오이를 담고 주꾸미와 갑오징어를 모양 있게 담는다.

마. 파티에 어울리는 샐러드

2. 기분을 좋게 만들어 주는 복숭아 샐러드

재료 복숭아(통조림) 70g, 양파 30g, 보라색양배추 30g, 방울토마토 3개, 식용꽃

우울한 날 기분을 좋게 하고 싶을 때, 파티를 더욱 근사하게 하고 싶을 때 만들어 보자.

복숭아는 다량의 단백질과 아미노산을 함유하고 있어 건강식품으로도 좋다.

복숭아 등 과실은 당분, 유기산, 비타민, 섬유질, 무기질 등 인체 요구되는 영양소가 골고루 함유되어 하나의 종합영양제라 할 수 있다.

만드는 방법

1. 복숭아는 납작하게 썰어준다.
2. 양파는 링으로 썰어 찬물에 담가 매운맛을 빼준다.
3. 보라색 양배추는 가늘게 채 썰어서 찬물에 담갔다가 건져준다.
4. 방울토마토는 4등분한다.
5. 볼에 보라색 양배추와 양파를 깔고 복숭아를 담은 다음 방울토마토와 식용꽃으로 장식하여 소스를 곁들여 낸다

마. 파티에 어울리는 샐러드

3. 바다내음을 불러오는 해초 샐러드

재 료 해초 돌 가사리 청색, 홍색 각 5g씩. 진 두발 황색 5g, 오이 20g, 무순약간

해초는 수분공급효과가 탁월하고 피부를 청결하게, 건강하게 해주며 미네랄이 풍부해 과일즙이나 곡물가루, 한방재료와 섞어 쓰면 해초의 미용 효과와 더불어 섞은 재료의 효과를 같이 얻을 수 있다. 특히 30대 이후의 노화가 진행되는 피부에 사용하면 좋고 어느 재료와 섞어 사용해도 좋다.

특별한 손님초대요리에도 적격이다.

만드는 방법

1. 돌 가사리와 진 두발은 각각 소금물에 담가 불린 다음 체에 밭쳐 물기를 빼준다.
2. 오이는 동글동글 썰어 준다.
3. 접시에 해초를 담고 오이와 무순으로 마무리 한 후 소스를 곁들여 낸다.

마. 파티에 어울리는 샐러드

4. 바다의 영양을 건져 올린 연어 샐러드

재 료 훈제연어 50g, 무쌈10장, 무쌈꽃1개, 무순

 연어는 해초(海草)를 먹고 살기 때문에 연어의 영양은 바로 이 영양이 풍부한 해초에서 비롯된다.

 연어는 장기간 섭취하면 지친 피부 세포를 치료한다. 보습 효과가 뛰어나기 때문에 건조한 피부를 촉촉한 아기 피부처럼 만들어주는 효과도 있다.

 무와 같이 먹으면 상큼한 연어 소화까지 도와준다.

만드는 방법

1. 무쌈 한장에 훈제연어 1개, 무순약간 씩을 넣고 돌돌 말아준다.
2. 무쌈꽃 (= 무쌈)을 5장을 겹쳐놓은 다음 반으로 접고 돌돌 말아서 꽃을 만들어 함께 담는다.

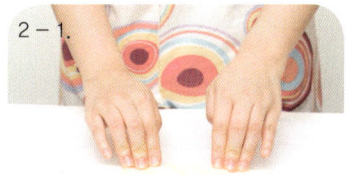

마. 파티에 어울리는 샐러드

5. 쌉사름한 향이 생각날 때 먹는 쑥갓 샐러드

재 료 토마토 3개, 쑥갓 50g, 무순 1봉

쑥갓은 잎이 푸르고 싱싱하며 광택이 있고, 꽃대가 올라오지 않은 것이 좋다

식이섬유소가 풍부하여 변비 예방에 좋으며, 다양한 비타민이 함유되어 있어 피부 건강에도 좋다.

만드는 방법

1. 토마토에 칼로 + 표시를 낸다.
2. 끓는 물에 토마토의 + 표시한 것을 넣고 데쳐준다.
3. 껍질을 벗긴다.
4. 반으로 잘라 슬라이스 한다.
5. 토마토 슬라이스 한 것을 접시에 돌려놓고 위에 무순과 섞어 올린 후 소스를 곁들여 낸다.

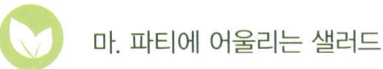

마. 파티에 어울리는 샐러드

6. 아이 생일 파티에 딱인 계란 채소 샐러드

재 료 달걀 5개, 오이피클1개, 양파20g, 마요네즈, 소금, 후추, 날치알1/2큰술, 파슬리약간

　달걀은 단일식품으로는 영양가가 가장 뛰어난 것으로서, 단백질이 풍부하고, 나트륨 함량은 낮고, 비타민과 무기질을 함유하고 있다.
　게다가 값도 싸고 맛도 좋고 다루기도 편한 식품으로 여러 가지 장점을 갖추고 있으니 우리아이 생일 파티 요리에 적격이다.

만드는 방법

1. 달걀은 소금을 넣고 15분간 노른자가 가운데 오도록 삶아준다
2. 찬물에 담갔다가 껍질을 벗기고 반으로 자른다.
3. 오이피클과 양파는 다져주고 노른자와 함께 섞어준 다음 마요네즈, 소금, 후추로 간을 한다.
4. 달걀흰자 안에 ③ 을 채워준다.
5. 날치알과 파슬리로 장식하여 낸다.

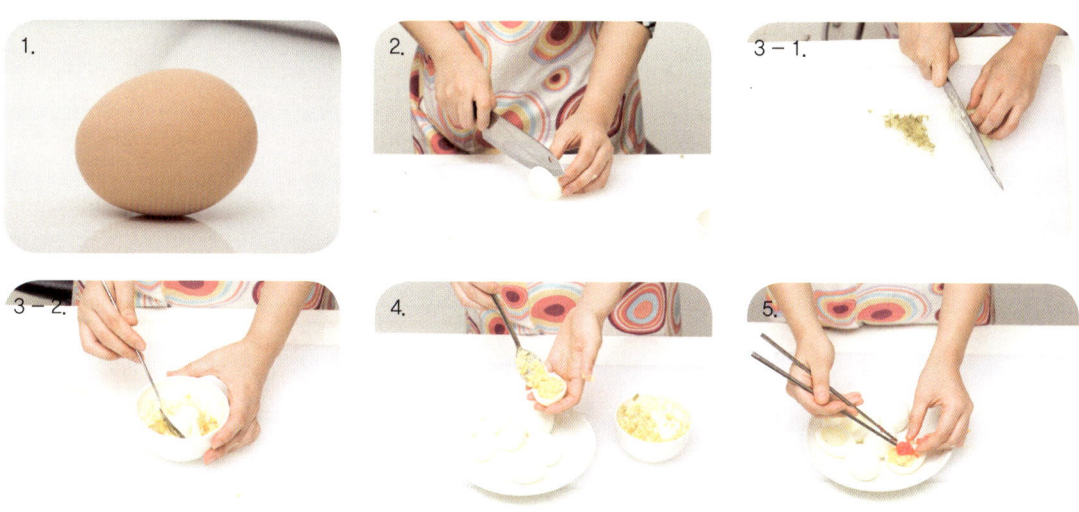

마. 파티에 어울리는 샐러드

7. 오감을 만족시켜주는 과일 샐러드

 **재 료**   딸기 4개, 키위 2개, 청포도 10알, 바나나 1개, 복숭아 1개,
참외 1/2개, 사과 1/2개, 수박 4쪽

과일은 비타민의 함유량이 풍부하여 스트레스 해소에 도움이 된다.

특히 여러 가지 칼라 푸드가 한곳에 있으니 먹으면 그 효과는 두 배가 된다.

오감 만족! 내 몸 만족!

만드는 방법

1. 딸기는 반으로 잘라준다.
2. 키위, 바나나, 복숭아, 사과, 수박은 껍질을 벗기고 먹기 좋게 썬다.
3. 다른 과일도 먹기 좋게 썬다.
4. 과일을 모둠으로 담고 그 위에 소스를 얹어서 낸다.

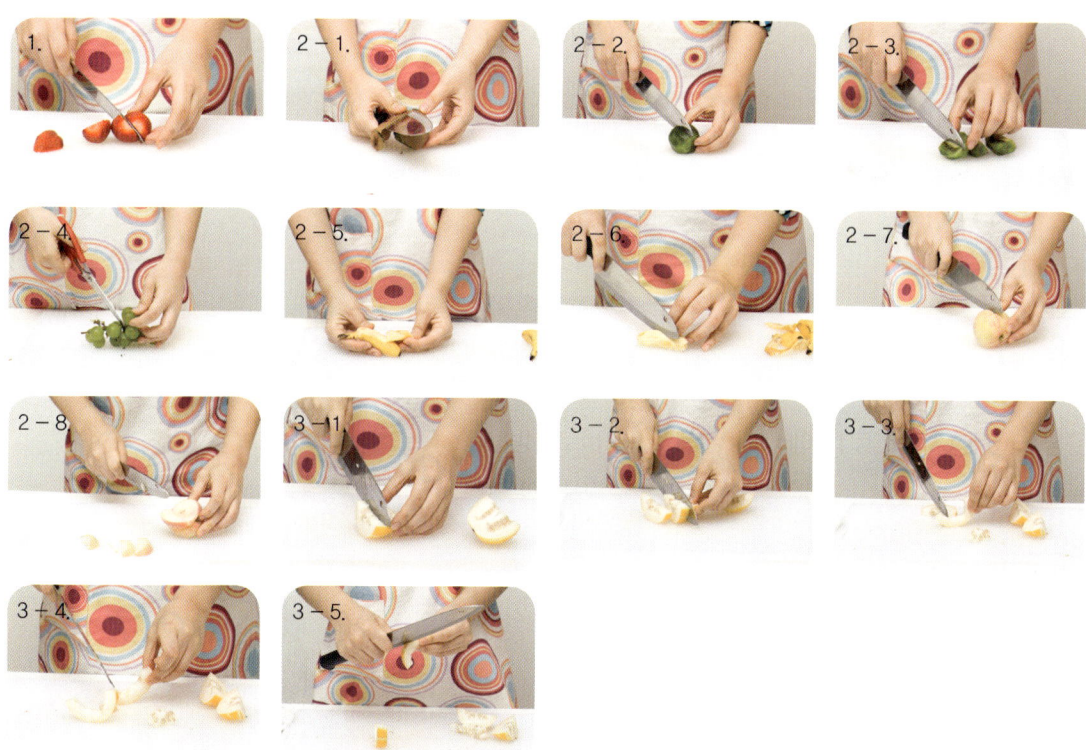

VIII. 샐러드

마. 파티에 어울리는 샐러드

8. 나른한 오후에 활력을 주는 쑥 샐러드

재 료 쑥 20g, 연근 1/2개, 감자 2개, 가지 1개, 전분, 식용유

　나른해지는 오후에 살짝 내 몸을 일깨워줄 샐러드 내가 차린 파티를 더욱 빛나게 해줄 튀김 샐러드다.
　쑥에는 무기질과 비타민의 함량이 많은 것이 특색이다. 특히 비타민 A가 많아 약 80g만 먹어도 하루에 필요한 양을 공급할 수 있는 셈이다. 비타민 A가 부족하면 우리 몸에 여러 세균이 침입했을 경우 저항력이 약해진다.
연근은 수렴, 지혈작용 그리고 어혈을 없애주는 작용을 하는 한약재로도 쓰인다.

만드는 방법

1. 연근, 감자, 가지는 동글하게 썰어준다.
2. 쑥은 전분을 입혀서 튀긴다.
3. 연근, 감자, 가지도 전분을 입혀서 튀긴다.
4. 접시에 가지 – 감자 – 가지– 쑥 순으로 얹어서 소스와 함께 낸다.

마. 파티에 어울리는 샐러드

9. 우아하고 깊은 맛을 주는 양배추 샐러드

재 료 녹차만두피 1팩, 양배추 50g

이 맛에 빠진 당신을 아름답게 보이는 샐러드. 녹차만두피를 이용하여 더 우아하게 더 깊이 있는 맛으로의 초대가 시작된다.

양배추는 항암효과, 특히 대장암의 위험을 저하시킨다. 또한 항궤양 효과, 위궤양, 십이지장궤양에 효과적이다.

만드는 방법

1. 양배추는 가늘게 채 썰어 찬물에 담갔다가 건져둔다.
2. 만두피는 채 썰어 기름에 튀긴다.
3. 컵 만들기 = 만두피를 방망이에 감싸서 끓는 기름에 튀긴다.
4. 만두피 컵에 양배추 썬 것을 담고 만두피 채 튀김을 얹어서 낸 후 소스를 곁들인다.

마. 파티에 어울리는 샐러드

10. 스트레스를 날려주는 감자 샐러드

재 료: 감자 2개, 양파 20g, 당근 20g, 오이 20g, 마요네즈, 소금, 후추, 카스텔라, 몰딩

싸고 저렴한 감자를 이용한 샐러드, 아이와 함께 만들 수 있어 재미있는 연출이 가능한 샐러드를 만들어보자.

감자는 혈액을 맑게 하고 기운을 좋게 하며 뱃속을 든든하게 하고 소화기관을 튼튼하게 한다. 많은 영양소 중에서 비타민 C가 많아 스트레스를 줄이고 감기에 대한 면역성을 높이며 철분흡수 촉진, 콜레스테롤 감소, 바이러스성 간염 억제, 발암물질의 생성 억제 등 다양한 효능을 발휘한다.

만드는 방법

1. 감자는 쪄서 뜨거울 때 으깨준다.
2. 양파, 당근, 오이는 다져준다.
3. ① 과 ② 를 섞어서 마요네즈, 소금, 후추로 간한다.
4. 접시에 랩을 깔고 원하는 모양의 몰딩을 놓는다.
5. ③ 을 꼭꼭 채워 넣어 원하는 모양을 만들어준다.
6. 카스텔라를 체에 내려가며 마무리 해준다.

마. 파티에 어울리는 샐러드

11. 파티에 어울리는 아보카도 샐러드

재 료 아보카도 1개, 양배추 40g, 맛살 2개, 스위트콘 20g, 마요네즈 4큰술, 소금, 후추 약간

열대 과일 대부분이 영양과 칼로리가 높은 편인데 그중에서도 아보카도는 '숲 속의 버터'라는 별명답게 과일로는 이례적으로 지방 비율이 30%나 되고, 당연히 칼로리도 높다.

하지만 이는 식물성 지방이라 콜레스테롤 염려는 하지 않아도 된다.

아보카도는 상온에서 익혀 먹는 후숙 과일이기 때문에 당장 먹을 용도라면 녹색보다는 검은빛이 도는 아보카도를 고르는 게 좋다.

자를 때는 먼저 세로로 칼이 씨까지 닿도록 넣어 살짝 돌리듯이 반을 가른 다음 손으로 비틀어 씨를 스푼으로 들어내면 된다.

만드는 방법

1. 아보카도는 반으로 잘라 씨를 빼고 껍질을 벗긴 후 썰어준다.
2. 양배추는 채 썰고 맛살은 가늘게 찢는다.
3. 스위트콘은 체에 밭쳐 물기를 제거한다.
4. 볼에 양배추, 맛살, 스위트콘을 넣고 마요네즈, 소금, 후추로 간한다.
5. 접시에 아보카도를 담은 다음 ④를 담아낸다.

바. 노블래스 샐러드

1. 절묘한 조화가 돋보이는 양송이 샐러드

양송이 버섯

치커리

버터

재 료

바게트빵 1개

식용꽃 약간

양송이버섯 10개

치커리 30g,

버터 1큰술

만드는 방법

1. 바게트 빵은 슬라이스 한 후 토스트를 한다.
2. 양송이는 껍질을 벗기고 3~4등분을 하고 버터에 살짝 볶는다.
3. 바게트 빵에 모든 재료를 올리고 소스를 뿌린다.

바. 노블래스 샐러드

2. 화려함과 상큼한 연어롤 샐러드

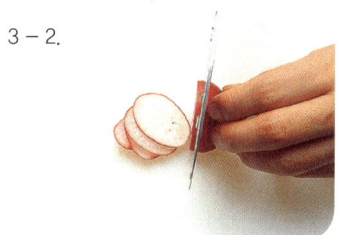

재료

훈제연어 150g

비트 1/4개

무순 20g

치커리 30g

보라색 양배추 40g

래디쉬 2개

만드는 방법

1. 비트는 가늘게 채를 썬다.
2. 연어에 비트, 무순, 치커리를 돌돌 만다.
3. 적채는 채를 썰고 래디쉬는 슬라이스 한 후 바닥에 깐다.
4. ③ 위에 말아놓은 연어를 올리고 소스를 뿌린다.

바. 노블래스 샐러드

3. 싱그러움으로 유혹하는 딸기비트 샐러드

재 료

딸기 6개

비트 1개

베이비채소 40g

만드는 방법

1. 딸기는 반으로 가른다.
2. 비트는 가늘게 채를 썬 후 찬물에 담갔다가 물기를 뺀다.
3. 베이비 채소들은 손질한 후 찬물에 담갔다가 물기를 뺀다.
4. 모든 재료는 보기 좋게 담은 후 소스를 끼얹어 낸다.

바. 노블래스 샐러드

4. 귀한 분들을 위한 토마토에 핀 꽃다발 샐러드

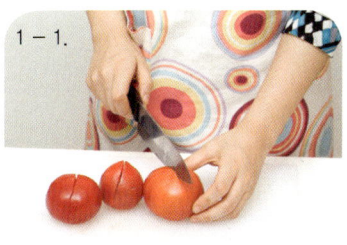

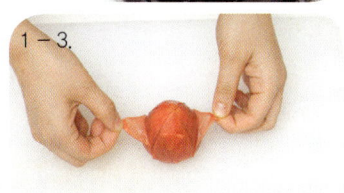

재 료

토마토 2개

베이비채소 40g

만드는 방법

1. 토마토는 열십자를 내어 끓는 물에 살짝 데친 후 껍질을 벗긴 후 세로로 8등분 한다.
2. 접시에 토마토와 채소를 돌려 담고 소스를 끼얹는다.

바. 노블래스 샐러드

5. 영양만점 SEA FOOD 샐러드

홍합

새우

방울 토마토

베이비채소

재 료

백합 5개

홍합 10개

새우 3마리

방울토마토 3개

베이비채소

만드는 방법

1. 해물은 와인 넣고 후라이팬에 살짝 익힌 후 소금 간을 한다.
2. 방울토마토는 2등분하고 베이비 채소는 잘게 잘라 남은 예열에 살짝 볶는다.
3. 그릇에 모양내어 담고 소스를 끼얹는다

찾아보기

가. 다이어트에 좋은 샐러드

나. 든든한 샐러드

찾아보기

다. 알뜰한 주부의 편한 샐러드드

138
140
142
144
146
148
150
152

라. 보약이 되는 샐러드

찾아보기

마. 파티에 어울리는 샐러드

212 • 찾아보기

바. 노블래스 샐러드

내 몸을 살리는
힐링 샐러드와 소스

지은이	전도근 · 성태화
초판 인쇄	2014년 5월 15일
펴낸곳	해피&북스
발행인	채주희
등록	제10-1562호(1985.10.29)
주소	서울시 마포구 신수동 448-6
전화	02-323-4060, 6401-7004
팩스	02-323-6416
이메일	elman1985@hanmail.net
값	15,000원

* 이 책에 대한 무단 전재 및 복사를 금합니다.

* 잘못된 책은 바꾸어 드립니다.